BUSCAVIDAS

© 2017, Jus, Libreros y Editores S. A. de C. V.
Donceles 66, Centro Histórico
C. P. 06010, Ciudad de México

Buscavidas. Recuerdos de un vagabundo

ISBN: 978-607-9409-67-8

Primera edición: marzo de 2017

Diseño de interiores y composición: Sergi Gòdia

JIM TULLY

BUSCAVIDAS

RECUERDOS DE UN VAGABUNDO

TRADUCCIÓN DEL INGLÉS
DE ANDRÉS BARBA

VIAJE

La vía del tren quedó en la distancia
y el día es ruidoso, repleto de voces,
pero aunque no haya trenes en lontananza,
yo escucho el silbato desde entonces.

Ya no pasan trenes en la oscuridad del cielo,
las noches son tranquilas y para dormir,
pero las cenizas rojas aún alzan el vuelo,
y el vapor de la locomotora yo creo sentir.

Los viejos amigos mi corazón calientan,
jamás conoceré amigos más nobles,
pero todos los trenes que pasan me tientan,
nunca me importó el adónde.

Edna St. Vincent Millay

I

ST. MARYS

Pasado el desfiladero de los años, hasta las experiencias más intensas se desvanecen en la memoria, pero lo que se ha vivido como joven vagabundo permanece hasta que se enfila el último camino a casa. Muchas veces he intentado imaginar lo que podría haber escrito Cervantes sobre sus caminatas por los soleados senderos españoles; o Goldsmith, en su inglés incomparable, sobre los días en los que tuvo que tocar la flauta para ganarse el pan; o el anciano y ciego Homero sobre sus experiencias en los caminos de Grecia: el viejo juglar habría podido inmortalizar incluso al esclavo griego que le preparaba la comida.

Realicé tres viajes fallidos antes de convertirme siquiera en un aprendiz de vagabundo. No hay que olvidar que los vagabundos se toman muy en serio su profesión: en el juego hay mucho que aprender y aún más que sufrir.

En mis ratos de ocio solía holgazanear cerca del depósito del tren del pueblo de Ohio desde el que emprendí mi carrera como vagabundo. Allí charlaba con buscavidas que me contaban con aire indiferente extraños relatos sobre lugares remotos. Un día conocí a uno, muy joven, que acababa de llegar de California. Había pasado dos meses encerrado en una cárcel del Oeste acusado de vagancia. Estaba orgulloso de sus proezas y hablaba pomposamente de ellas. Hizo que me sintiera avergonzado de mi vida monótona en aquel pueblo monótono.

Nos sentamos junto a un puente alto que cruzaba el río St. Marys y él se puso a lanzar piedras a las perezosas aguas del río. Lo observé con atención. Sus movimientos y su forma de hablar eran toscos, como se podía esperar de un muchacho que llevaba vagabundeando desde California. Le habían sacado un ojo en Arkansas y, sobre la cuenca vacía y roja, llevaba un parche de cuero atado a la cabeza con un cordón de zapato. Era un joven fornido y quemado por el sol. Tenía los dedos de la mano derecha amarillos de tantos cigarrillos, era de carácter frívolo y hablaba de aquellos lugares lejanos, más que con reverencia, con un aire descuidado.

Lanzó una piedra plana que rebotó sobre el agua como un pez volador hasta hundirse en una pequeña onda circular.

—¿Qué pueblo es éste, chico?

—St. Marys, señor —respondí humildemente.

—No me llames «señor». Me llamo Billy —replicó. Echó una desdeñosa ojeada al pueblo y añadió resoplando—: ¡Por Dios!, te aseguro que no me verán pudrirme en una cloaca como ésta. Más que un pueblo parece una enfermedad. Sólo se vive una vez y uno tiene que aprovechar.

—¿Te gusta la vida errante, Bill? —pregunté.

Giró levemente la cabeza y me miró con franqueza con su único ojo.

—Claro que me gusta, no la cambiaría por nada. No le veo nada bueno al trabajo: sólo trabajan los idiotas. Les silban por la mañana y acuden como si fueran ganado. Te aseguro que eso no es para ti.

—Me gustaría largarme de este antro —le dije—, y creo que lo haré. Casi tengo que pagarle a la fábrica para trabajar allí.

Le expliqué cómo era mi trabajo y lo que ganaba y él sonrió con desdén.

—Déjalo, muchacho, déjalo. No te lo has podido montar peor: sólo sacas para comer y para eso no hay necesidad de hacer nada; hasta los gatos callejeros se las ingenian para conseguir comida. Además —y aquí elevó un poco el tono de voz—, en la carretera se aprenden cosas. ¿Qué diablos vas a aprender aquí? Te apuesto lo que quieras a que en este antro nadie se entera de qué va la vida.

Reflexioné sobre aquella filosofía brutal mientras él se levantaba el parche negro y se rascaba la cuenca vacía. Hubo un largo silencio y yo tomé la decisión de abandonar aquel pueblo tan pronto como pudiera; no sin recelo, porque entre toda aquella gente anodina de St. Marys se contaban también algunos amigos míos.

En el pueblo había un borracho llegado de quién sabe dónde. Solía hablarme de libros. Cuando estaba bebido, lo que sucedía casi a diario, se jactaba de su pasado: un sendero largo y tortuoso repleto de ciénagas. Se llamaba Jack Raley.

Los del pueblo solían invitar a beber al viejo Raley y luego se burlaban de él. A pesar de su indigencia de borracho, de ser un gorrón, de haber caído más bajo que una escupidera y de ser una mosca de taberna, para mí seguía siendo el hombre más rico que conocía en el pueblo porque llevaba en el bolsillo un andrajoso volumen de Voltaire del que siempre me hablaba. Raley había sido tipógrafo itinerante durante muchos años y había llegado al final de su camino en St. Marys.

El chico tuerto se quedó en silencio y yo pensé en aquel viejo que se ataba los pantalones de pana con una cinta de maleta a modo de cinturón. Había perdido todos los dientes delanteros menos dos, y habría podido prescindir incluso de éstos sin mucho problema porque rara vez comía. Era un borracho monumental, tal vez el mayor que haya visto en mi vida. Tenía los ojos amarillos e inyectados en sangre, con numerosas venitas como ríos rojos que cruzaran un prado amarillo. Finalmente dije:

—Me largaré de aquí, pero odio tener que despedirme de algunas personas.

A Bill parecieron animarle aquellas palabras.

—Bueno, no puedes llevarte a todo el mundo contigo. Olvídate de este lugar: no es más que una trampa.

—Supongo que tienes razón —respondí débilmente.

Bill me miró boquiabierto y maravillado ante la posibilidad de que un joven que jamás había salido de su pueblo cuestionara sus palabras. Había cierto tono de reto en su voz cuando se dirigió a mí:

—¿Supones que tengo razón? ¡Ja! Pues yo te aseguro que la tengo: sé unas cuantas cosas, no nací ayer.

Traté de aplacarlo haciéndole preguntas sobre cómo era la vida errante y su ego juvenil se infló para la ocasión. Me habló de muchas cosas, algunas de las cuales verifiqué luego por experiencia propia.

—Muchacho, si decides vivir en la carretera no permitas que ningún viejo vagabundo te tome por tonto. Los perros viejos se vuelven perezosos hasta para rascarse, por eso engañan a los chiquillos y les enseñan a pedir. Saben que la gente prefiere dar limosna a los niños, por eso los utilizan. Mucha gente siente lástima por los chicos que piden en los callejones. Los viejos vagabundos los llaman sus «pillos». Cuando uno anda de aquí para allá no para de encontrarse con esos pequeños mendigos por todas partes. Podría contarte mil historias —dijo el trotamundos de un solo ojo.

El silbido de una locomotora nos llegó desde el oeste y enseguida oímos el traqueteo de los vagones. El guardafrenos iba sentado sobre el que pasó inmediatamente tras la locomotora. Llevaba un palo en la mano e iba contemplando el paisaje. Lo envidié.

El chico se ajustó el parche al ojo, encogió los hombros y se puso a correr tras el tren gritando: «¡Hasta la vista, chico! ¡Pórtate bien!». Abordó con un pavoneo fantástico y se despidió de mí agitando su mano sucia de cenizas mientras el tren cruzaba el puente rumbo a Lima.

II

INICIACIÓN

Unas cuantas semanas después partí en un tren de carga a Muncie, Indiana, a unos ochenta kilómetros de St. Marys. Pagué mi billete, si bien no a la compañía ferroviaria, sí a la tripulación del tren, ayudándoles a descargar cajas en las distintas paradas.

Me pasé todo el día descargando cajas. Era uno de esos típicos días de finales de invierno en el Medio Oeste. El aire era de un verde turbio y no hacía frío ni calor. Los animales se apiñaban en los prados como si aún se resistieran a abandonar su costumbre invernal de darse calor unos a otros. En un momento dado vi un petirrojo posado en una valla de alambre que había junto a la vía. Por algún extraño capricho de la memoria lo recuerdo perfectamente hasta hoy: tenía un aspecto tremendamente desconsolado, como un juerguista que ha decidido abandonar el calor de la fiesta antes de tiempo. El humo de la locomotora lo envolvió, pero él se quedó allí sin más, y recuerdo que pensé que tal vez el humo le daría un poco de calor.

Entre depósito y depósito me sentaba en el suelo del vagón a ver pasar el paisaje. Qué me importaba tener que descargar cajas: al menos iba a algún lugar. Un poco más allá, en el siguiente valle, estaba la vida, había sueños y esperanzas y ya no volvería a repetirse la monotonía y la amarga rutina de aquel mustio pueblo de Ohio. Yo, troglodita perteneciente a la raza de los narradores irlandeses que crearon los cuentos de hadas, iba por fin rumbo a las grandes aventuras. Ninguno de aquellos hombres tristes, miserables y destrozados bajo el peso de la rueda del trabajo, ninguna de aquellas mujeres con los nervios de punta, exhaustas hasta el punto de no poder siquiera mirar las estrellas, vivirían en el país de ensueño al que me dirigía yo. Menuda estampa debía de hacer: un jovencito pelirrojo de mandíbulas prominentes, cubierto de pecas, con una sonrisa de medio lado y ataviado con la ropa de obrero más desastrada que se haya visto jamás. Todo había transcurrido ya en mi imaginación: había dejado de ser un mendigo apostado a las puertas de la vida; regresaría a St. Marys, pero convertido en un hombre rico. Les demostraría a esas altivas jovencitas de Spring Street que me habían despreciado que se habían equivocado conmigo; no volvería hasta que todo el mundo hubiese oído hablar de mí, y entonces saldría a pasear por las calles y la gente diría: «Ahí va Jimmy Tully; no era más que un borrachín que andaba siempre con las putas de Rabbit Town y mírale ahora. ¡Ja! Ahí tienes la prueba de hasta dónde puede llegar un chico en este país si trabaja duro y no malgasta su dinero». Ya entonces soñaba con hacerme escritor: escribiría grandes relatos y mi nombre aparecería en todas las revistas. Algún día los habitantes de St. Marys se levantarían por la mañana y verían mi nombre en la primera página del *Saturday Evening Post*. Ya lo creo que sí, se lo iba a demostrar a todos. A medida que el tren iba ganando velocidad también lo hacían mis pensamientos.

Pensé en Edna. Edna era, en mi opinión, la chica más guapa que jamás había vendido su cuerpo en Rabbit Town. Solía cobrar un dólar por servicio y, según me contó, hubo una noche en la que llegó a ganar cuarenta y ocho dólares. Cada vez que me acordaba de Edna me llenaba de satisfacción: mis primeros pasos en el sexo habían sido con ella, que no me había cobrado jamás. Me dijo que a las mujeres les gustaban los pelirrojos. Cada vez que veía su cuerpo pálido y su sedoso pelo color maíz cayéndole sobre los hombros me echaba a temblar de deseo. Desde luego que aquel rincón del tren no era el más indicado para pensar en mujeres, pero entonces no me importó. Me acordé de la vez que Edna y yo estábamos borrachos en Rabbit Town y le robé cuatro dólares. Ella lo descubrió y me dijo:

«Maldito ladrón, aquí está mi último dólar, cógelo también si quieres». Y lo hice. Pero ya hablaré de Edna más adelante.

A medida que fue transcurriendo el día se fue poniendo más nublado y frío, pero a mí me alegraba sentir que me alejaba de St. Marys. Me daba horror pensar en aquel pueblo y en mi vida allí. La sirena de la fábrica con la que nos llamaban a diario al trabajo solía ponerme la piel de gallina como el chirrido de una lima sobre el cristal. Imaginé a todos aquellos hombres apresurándose a llegar, con sus almuerzos en tarteras abolladas; a las chicas, con sus tacones desgastados y sus vestidos de percal, caminando hacia el mollino de algodón, y pensé en todos los meses que me había pasado trabajando por tres dólares a la semana y pagando dos por la pensión. Mi mala suerte me había llevado a fundir eslabones para un cadenero borracho que a menudo faltaba dos y hasta tres días a la semana. Muchas veces mi hermana, que ganaba un dólar y medio a la semana más la pensión, me daba veinte centavos para que no me desanimara esperando la paga.

Pensé un buen rato en mi hermana.

En cierta ocasión me dijo, mientras me daba una moneda de un cuarto de dólar: «La verdad, no me importa recibir algún golpe de vez en cuando, pero estoy segura de que Dios me está dando más de los que me tocan». Recordar sus palabras me hizo pensar en Dios con resentimiento. Entonces no era más que un embrión de poeta: aún me faltaba el sentido del humor. Además de mi hermana, también vivía en St. Marys mi hermano Hugh, un antiguo jockey con ojos de cordero degollado que contaba historias con un talento que yo jamás tendré para escribirlas. Me puse sentimental pensando en mis hermanos porque los quería sinceramente, pese a que ni siquiera me había molestado en despedirme de ellos. No importaba, ganaría mucho dinero y se lo enviaría. Pondría a toda la tribu Tully en el lugar que le correspondía, vaya que sí. A Hugh le encantaban los caballos; pues muy bien: cuando ganara dinero me compraría un carruaje y él sería mi cochero particular.

Mi otro hermano, Tom, murió en Arizona hace tiempo. Era un aventurero y buscador de oro, y se partió el cráneo a los veinticinco. Mi intención original era irme con él, pero hizo todo lo posible por desanimarme. Quería que estudiara. Mientras iba en el tren no podía dejar de preguntarme por qué aquellos tres leales familiares míos habían querido siempre que estudiara. Aún puedo oír a aquel buscavidas espléndido —y ahora difunto— diciéndome: «Jim, chico, estoy tan seguro de que algún día llegarás a ser alguien como de que Dios pone gusanos en las manzanas amargas. Estoy convencido, lo sé desde que llegamos a aquel orfanato de pequeños. No te rindas nunca, Jim, por Dios te lo pido, tienes un don, y por Dios que tienes que demostrárselo a todos esos bastardos que piensan que los Tully no somos más que un montón de basura sólo porque papá era un peón borrachín». En el tren, pensaba en la carta en la que me hablaba de sus esperanzas de encontrar oro. La postdata decía así: «Si encuentro algo lo compartiré contigo; si no, me haré cargo yo solo».

También pensaba en Boroff, aquel granjero analfabeto y sádico que me había tenido trabajando como un esclavo durante dieciocho meses en el condado de Van Wert. Un invierno estuvimos a veinticinco grados bajo cero y yo casi morí de frío porque no podía comprarme ni unos calzoncillos con el dinero que ganaba arando. Lo maldije en mi corazón y enseguida me juré a mí mismo que cuando fuera lo bastante poderoso regresaría y le daría una paliza. Me recreé en aquel pensamiento mientras traqueteaba el tren. Me pregunté por qué la gente era tan mala con los niños. Casi todos los que había conocido y a los que habían mandado del orfanato para trabajar en las granjas se habían acabado escapando, incapaces de soportar el trato que les daban. «Esos bastardos son demasiado tacaños como para contratar a adultos, por eso van a los orfanatos y se llevan a los niños», pensé, y de nuevo recordé a Boroff y a su hija, Ivy. Ni ella ni yo habíamos llegado siquiera a la pubertad, pero ya nos deseábamos. Boroff era un fanático religioso y todos los inviernos iba a encuentros evangélicos. Se llevaba con él a su mujer —que estaba medio loca— y me dejaba con Ivy. Cuando nos quedábamos a solas en la casa Satán nos tentaba en la misma habitación donde estaba la enorme Biblia familiar. Mientras Boroff le cantaba hosannas a su Dios yo descansaba en los brazos de Ivy. Me pidió que no se lo contara a nadie y ni ella ni yo lo hicimos. Ella iba todos los domingos a la escuela parroquial, pero jamás soltó prenda. Siempre que oigo que las mujeres no saben guardar un secreto no puedo evitar sonreír.

Ivy era una muchachita adorable. Tenía unos pechos redondos y pequeños como manzanas y unas piernas blancas como el mármol. Años más tarde me encontré con ella y me dio todo lo que no me había podido dar siendo niña. Pero no hago más que divagar. Las mujeres son un tema fascinante. Ivy tenía un pelo negro y largo y unos rasgos afilados y bonitos. Las mejillas se le enrojecían y tenía el aliento caliente. Murió de tisis.

En uno de los depósitos, cuando terminamos de descargar las cajas, el ferroviario me contó una historia indecente. Empleó palabras que no me gustaron y me acabó dando asco. Si me quedaba en un lugar tan bajo, en aquel pozo tan oscuro y sucio donde no podía encontrarse más que lodo, acabaría acostumbrándome a toda aquella basura. Yo era distinto. Puede que mi ropa estuviera inmunda, pero podía ver cómo las nubes navegaban por el cielo delante de la luna, cómo piaban los pardillos y cantaban las alondras.

A pesar de las malas jugadas del destino amaba la belleza y la veía por todas partes. La aventura que estaba viviendo ensombreció aquellas sensaciones pasadas y protegió mis sentimientos.

Y fue así como llegué al final de la primera jornada de mi viaje, pensando en todas aquellas cosas.

El viaje duró un día completo y llegamos a Muncie desde el este en el mismo instante en que una tormenta de nieve llegaba desde el oeste. Nevó con fuerza durante horas; el viento lanzaba los copos en todas direcciones. Al final el viento se apaciguó y dejó de nevar. Hacía un frío intenso. Llegó la oscuridad. La tripulación del tren hacía mucho que estaba bajo cubierto, pero yo tuve que buscar un lugar donde resguardarme sin haber cenado, hasta que al fin encontré un cobertizo para la arena en el límite del depósito del tren.

El cobertizo estaba lleno de vagabundos. Algunos estaban echados sobre cajas, sentados en sillas rotas o tumbados sobre la arena, amontonada como si fuera cereal a uno de los lados. Había una estufa grande y redonda que el fuego había enrojecido aquí y allá. El calor había derretido la nieve del techo; el agua se deslizaba, se juntaba en un punto y goteaba monótonamente sobre un papel de alquitrán que habían puesto sobre la arena. El café borboteaba en un recipiente de piedra sobre la estufa. Algunos rebuscaban entre los utensilios de cocina que había en una caja en la que se podía ver también todo tipo de comida. Había pequeños almuerzos envueltos en papel a los que los vagabundos llamaban «paquetes» o «donativos»: comida que les habían dado algunas personas de buen corazón cuando habían ido a pedir a sus casas.

—Qué hay, hermano —dijo uno de aquellos vagabundos cuando me vio entrar.

El que me había hablado tenía la boca torcida hacia un lado y, en el labio inferior, una cicatriz roja que a todas luces parecía una cuchillada. Llevaba una camisa negra de satín, una grasienta corbata roja y un abrigo de una talla demasiado pequeña para él que sus musculosos hombros habían rasgado en los sobacos.

A su lado estaba sentado un decrépito vagabundo de mediana edad. Llevaba un bigote negro y barba de varias semanas. El cuello de su camisa, demasiado grande para él, lucía negro y amarillo de mugre. Los pocos dientes que le quedaban sobresalían de su boca completamente torcidos. Otra media docena de hombres me miró con recelo. Los saludé y el que me había hablado primero volvió a dirigirse a mí:

—Hace una noche de perros, compadre. He llegado hoy de San Luis. Voy a Cincinnati y de allí tiro hacia el Sur.

—Me encontré con Frisco Red el otro día en Cincinnati —dijo el vagabundo del cuello amarillo— y me contó que en el sur son duros, que les dan palizas a los vagabundos.

—Nueva Orleans no está mal. Un pariente me dijo que allí se puede pillar mucho —dijo otro.

—Pues sí, hermanos, lo mismo me da la ventolera en cualquier pueblucho y me largo al Sur. Eddie Dinamita está en Chattanooga y podría ir a verlo. En este páramo olvidado de Dios no querrían vivir ni los esquimales.

Oímos un pitido en el frío aire nocturno y poco después una locomotora se detuvo cerca del almacén de arena. Se abrió la puerta y entró un hombre con un mono cubierto de manchas de grasa; llevaba dos cubos y se puso a llenarlos de arena con ayuda de una pala.

—¿Os habéis quedado sin arena? —preguntó uno de los mendigos.

—Sí —respondió el hombre del mono sin mirar ni a derecha ni a izquierda.

—Seguro que en estas noches usan arena para frenar las locomotoras.

—No les queda más remedio —dijo el hombre del cuello mugriento—: si no, patinarían sobre las vías.

—Pues no estaría mal —dijo otro.

El hombre salió con la arena y al poco rato se oyó a la locomotora rechinar sobre las vías. Inmediatamente después el cobertizo quedó en silencio; sólo se oía de cuando en cuando el chisporroteo del carbón en la estufa y el goteo de la nieve derretida. El calor hacía que todos los vagabundos tuvieran un aspecto un tanto soñoliento; algunos roncaban echados sobre la arena.

El hombre del labio torcido y la cicatriz me ofreció café y comida, algo que yo acepté ávidamente porque no había probado bocado desde primera hora de la mañana.

—Tú no llevas mucho yendo de aquí para allá —dijo un vagabundo de aspecto aún más andrajoso que el resto—. Hacen falta agallas para que alguien que está tan verde se largue de casa un día como hoy; si yo fuera tú volvería y me quedaría allí hasta que oyera cantar a los pájaros en primavera.

Justo en ese momento la puerta se abrió de golpe y apareció un policía. Su potente linterna se impuso a la pálida luz que destellaba tras el borroso cristal de la lámpara de keroseno.

Los vagabundos del refugio se alarmaron, pero a mí me dio un ataque de pánico porque era mi primer encontronazo con la ley.

El oficial echó un vistazo al almacén como si estuviera buscando a un individuo en particular.

—Supongo que no está aquí —dijo para sí mismo mientras apuntaba con su linterna a las caras de todo el grupo—. Está bien muchachos, os podéis quedar aquí hasta mañana, hace un frío de mil demonios ahí afuera.

Le llegó el aroma del café.

—Ese café huele bien —comentó—, dadme una taza.

Los mendigos, movidos por el ansia de confraternizar con el poder, buscaron una taza todos a la vez. Uno de ellos le acercó el café al oficial y le preguntó:

—¿Azúcar, señor?

—No —dijo su policiaca majestad—; así está bien, gracias. Devolvió la taza vacía y añadió—: Podéis quedaros aquí, no hay problema.

—Gracias, señor —contestaron al unísono los agradecidos vagabundos. Al salir el policía, uno de ellos comentó:

—Algunos polis son buenos tipos.

—Nunca hay que fiarse —replicó otro.

Los que estaban tumbados en la arena no se habían despertado ni un segundo.

—A esos los puedes pellizcar que ni se enteran —dijo uno de los vagabundos señalando con la cabeza los cuerpos que respiraban pesadamente—. A mí una vez me detuvieron en

Chicago y anda que no dormí como un santo esa noche en la comisaría.

—Pues una noche yo iba corriendo para agarrarme a un mercancías en Pittsburg —intervino el del cuello mugriento— cuando choqué contra un semáforo de vías y me quedé viendo las estrellas. Estaba lloviendo a mares desde el norte, el sur, el este y el trópico, pero no me desperté hasta la mañana siguiente, más mojado que un charco. Estaba tirado entre las vías y los trenes me pasaban a los lados. Si me hubiese dado por estirar cualquiera de los dos brazos ahora sería un vagabundo con garfio.

Se echó un vistazo a las mugrientas manos. Llevaba puesto un sombrero destrozado por las inclemencias del tiempo sobre una cabeza calva y redonda como una bola de billar. No tenía cejas: se le habían caído con el resto del pelo. Tenía grandes bolsas bajo los ojos y los párpados inferiores enrojecidos como heridas. Sus ojos llorosos parpadeaban constantemente y la frente se le encogía con movimientos nerviosos.

Yo lo contemplaba con fascinación. Se quitó el sombrero y se acarició la calva como si peinara un mechón rebelde.

Los vagabundos se rieron de buena gana con aquel gesto y yo también. Se me quedó viendo y sonrió.

—¿Qué pasa, pelirrojo, tienes envidia? —preguntó.

—No, prefiero tener el pelo rojo a no tener nada —repliqué.

—¿Naciste calvo? —preguntó otro mendigo.

—No, el pelo se me empezó a caer después de unas fiebres y un tipo me dijo que si me lo afeitaba me saldría más…

—¿Y nunca volvió a crecer? —volvió a preguntar el mendigo.

—No que yo sepa.

Nos interrumpió un ruido tremendo que venía del exterior. La puerta se abrió de golpe y dos linternas nos iluminaron las caras.

—¡Manos arriba todos! —dijo una voz ronca que brotó tras una de las linternas. Dos policías entraron en el refugio.

Uno de ellos era el mismo oficial que había bebido café con nosotros. Nos alinearon contra la pared y nos registraron.

Nos hicieron salir del refugio y nos llevaron a otro lugar en el que había otros dos policías dando pisotones a la nieve para sacudirse el frío. A continuación, los cuatro nos condujeron hasta un camión de la policía que estaba junto al depósito. Cuando llegamos allí uno de ellos gritó: «Todos adentro». Obedecimos.

El camión avanzó traqueteando por las calles llenas de baches en dirección a la comisaría. Uno de los mendigos me dijo:

—Si te preguntan, tú no has oído nada, ¿entiendes?

—Sí que he dormido como un tronco —dijo uno de los que habían estado durmiendo sobre la arena—: he soñado que estaba comiendo panqueques con miel.

El camión se detuvo frente a la comisaría y nos hicieron formar frente al comisario. Aquel austero señor nos observó detenidamente con gesto desdeñoso.

—Sáquenlos de aquí y luego vayan haciéndolos entrar de uno en uno —ordenó.

Nos llevaron a otra habitación bajo la custodia de dos policías. Yo fui el primero al que llevaron ante el comisario. Caminé tras mi captor con las rodillas temblando de miedo, como si me estuviera llevando a galeras después de ver el mundo por última vez.

El comisario tenía los ojos pequeños y cara de pocos amigos. Llevaba un enorme bigote rojo y su aspecto me recordaba a los forajidos que había visto ilustrados en las novelas de aventuras.

—¡Muy bien! —exclamó el comisario mirándome con el ceño fruncido—. ¿Qué caja fuerte has abierto? ¿Cuánto tiempo llevas fuera de la cárcel? —Yo estaba paralizado de miedo y sólo con ver los severos rostros de mis captores se me llenaron los ojos de lágrimas—. Habla, muchacho, confiésalo todo. Te dejaremos marchar si nos dices la verdad —añadió.

Yo dije la verdad al instante, pero el gesto del comisario no se relajó.

—¿Alguno de los otros ha hablado de los «trabajos» que ha hecho últimamente o de algo parecido?

—No, señor —respondí.

—¿Y de qué han hablado entonces?

—Del tiempo más que nada, y de la calva de uno de ellos.

Cuando acabó el interrogatorio me llevaron a una celda y me dejaron allí hasta que terminaron de interrogar y de registrar nuevamente a todos. En el bolsillo de uno de los mendigos encontraron algo de dinero.

Nos condujeron por calles desiertas hasta un edificio a medio construir que resistía a duras penas aquel viento invernal. El policía hizo sonar un timbre viejo y al instante abrió la puerta la vieja más decrépita que hubiera visto jamás.

Tras ella brillaba una luz estridente. Al ver al policía la vieja hizo una obsequiosa reverencia arqueando aún más su ya encorvada espalda.

—Pasen, caballeros —dijo mostrando sus encías sin dientes.

El que se había bebido el café de los vagabundos le trasladó las órdenes a la mujer, le dio el dinero que habían encontrado en el bolsillo de uno de ellos y se despidió.

—Quiero que os larguéis a primera hora de la mañana. Si os veo merodeando por aquí mañana por la noche os vais a enterar de lo que es bueno. Hay mucho espacio libre en la casa de trabajo para vagos como vosotros.[1]

En cuanto el policía se marchó los modales de la vieja cambiaron por completo. Despareció su sonrisa servil y su decrépita boca quedó enmarcada de arrugas.

---

[1] Una casa de trabajo (*Workhouse*) era un lugar de acogida para gente sin medios. Una vez allí debían cumplirse reglas muy estrictas y trabajar. (*Todas las notas son del traductor.*)

Cogió una pequeña lámpara de queroseno con el cristal oscurecido por el humo y nos indicó: «Por aquí».

Se levantó ligeramente la falda a cuadros dejando ver sus delgados tobillos y subió con agilidad por las escaleras. La seguimos hasta un ático con numerosas camas, muchas de las cuales estaban vacías. Dos lámparas de queroseno iluminaban débilmente la estancia. De cuando en cuando el silencio se veía interrumpido por algún ronquido. .

En todo el ático sólo había una pequeña ventana. Tenía cuatro cristales que se sostenían de milagro, habiendo perdido la masilla.

La vieja arpía nos mostró nuestras camas; a continuación alzó la lámpara por encima de su cabeza y echó un vistazo a la habitación. Un hombre gemía en la cama que estaba junto mí y se revolvía incómodo sobre el colchón. La vieja se detuvo un instante y miró en dirección del gimiente, pero enseguida dio media vuelta y volvió a bajar por los crujientes escalones.

Al resto de los durmientes no pareció molestarles nuestra llegada.

Como no conseguía dormir, me dediqué a preguntarme qué habría sido de la comida que estaba en la caja. También pensé en el vagabundo tuerto al que había conocido hacía tanto tiempo. Me pasaron muchas cosas por la cabeza mientras oía el silbido de las locomotoras deslizándose sobre las vías en la quietud de la noche e impidiéndome pegar ojo.

Los escalones crujieron y al instante vi aparecer el rostro de la vieja, que venía del piso de abajo. Llevaba en alto una lámpara y caminaba en silencio como una sonámbula. Iba acompañada de dos hombres.

La vieja les señaló dos camas que estaban junto a la pared. A continuación volvió a alzar la lámpara por encima de su cabeza y echó un vistazo, tal como había hecho antes. Enseguida se marchó y volvió a escucharse el crujir de los escalones.

Los dos hombres charlaron un rato en voz baja antes de meterse en la cama. Uno de ellos miró hacia la lámpara que nos iluminaba tímidamente y dijo elevando un poco la voz: «Creo que apagaré esa luz». Fue hasta la lámpara, hurgó tras la pantalla y apagó la llama.

La habitación quedó sumergida en la semioscuridad. La otra lámpara formaba unas sombras oscuras en la pared opuesta.

El hombre de la cama que estaba junto a la mía no paraba de gemir, como si le costara respirar. «A lo mejor está enfermo», me dije a mí mismo. Me levanté de la cama y me incliné sobre él. En aquella semipenumbra su rostro tenía un aspecto horrible. A continuación atravesé la habitación hasta la cama del hombre de la cicatriz en la cara. Estaba echado boca arriba con las manos cruzadas sobre el pecho.

—¿Qué sucede, muchacho? —preguntó.

—Creo que el tipo que está junto a mí está muy enfermo —respondí.

Saltó de la cama al instante, se hurgó los bolsillos y sacó una cerilla con la que encendió otra lámpara que estaba colgada en la pared. A continuación se acercó hasta el catre del hombre. Sus pasos despertaron a algunos vagabundos que se incorporaron en sus camas.

Al llegar junto al enfermo le tocó el hombro.

—¿Cómo vas, compadre?

—Me la estoy jugando —fue su débil respuesta.

Oímos cómo se corría la voz por toda la habitación. Algunos se levantaron de sus camas.

—Traedme la lámpara —ordenó el vagabundo de la cicatriz.

Uno de los mendigos la descolgó del soporte de la pared y se la acercó.

—Sostenla, muchacho —me dijo.

La luz iluminó los coágulos de sangre que había sobre las sábanas. Dos hombres fueron a traer sus almohadas y otros dos alzaron al quejumbroso vagabundo para que pudieran ponérselas en la espalda. A continuación lo bajaron delicadamente, dejándolo recostado.

—Con eso al menos le dejará de salir tinta por la boca —dijo el hombre de la cicatriz, y a continuación se dirigió a otro mendigo—: ve abajo y dile a esa vieja fantasma que aquí hay un tipo que se está muriendo, que llame al médico.

El mendigo salió corriendo escaleras abajo.

El enfermo empezó a toser e intentó incorporarse. Tosía con tal violencia que parecía que los ojos se le iban a salir de las órbitas. La cama no paraba de moverse. En un intento desesperado de liberar sus pulmones se rasgó la camisa por el pecho.

—¡Ay, ay, ay! —gimió.

—¡No hay aire en este maldito lugar! ¡Abrid esa ventana! —gritó alguien y uno de los vagabundos se apresuró a hacerlo.

—Está cerrada con clavos —dijo.

Otro de los vagabundos cogió uno de sus zapatos del suelo, fue hasta la ventana y rompió los cristales con el tacón. El cristal le hizo un corte en la mano y soltó el zapato, que cayó a la calle junto a los cristales rotos.

—Maldita sea, ahí va mi zapato. Voy a tener que buscarlo luego entre la nieve.

La vieja apareció dando traspiés por las escaleras. Estaba todavía más pálida. Al verla entrar, varios vagabundos se apresuraron a ponerse algo de ropa.

El desvaído chal se le cayó de los hombros cuando llegó hasta los pies de la cama y contempló el rostro del moribundo.

—Va a estirar la pata —dijo uno de los mendigos—, ¿no puede llamar a un médico?

La lámpara tembló en la mano de la anciana.

—No tengo teléfono —respondió.

El hombre gemía cada vez más alto. La sangre le escurría por las comisuras de la boca y caía sobre sus hombros.

Un segundo después se puso rígido. Miraba hacia arriba como quien está sediento en medio del desierto y alza la vista a la espera de un milagro. Extendió los brazos y apretó las mandíbulas, a lo que siguió otro ataque de tos, más violento si cabe. Volvió a apretar las mandíbulas, pero enseguida sus labios se abrieron en una sonrisa medio sardónica y dejó caer los brazos sobre el pecho. Oímos un ruido brotar de su garganta, su pecho dejó de agitarse y el vagabundo se desplomó finalmente sobre la almohada, más callado que una piedra.

La vieja le pasó la lámpara a un mendigo que estaba a su lado. La escena nos había dejado mudos. La mujer nos dirigió la palabra por primera vez: «Ya es demasiado tarde como para llamar a un médico» y a continuación tapó con la sábana al callado buscavidas.

Yo me quedé mirando la sábana con la que taparon el rostro del difunto y a continuación me agarré del brazo del vagabundo con la cara marcada.

—Qué desastre, muchacho —me dijo—, parece que el viejo ha llegado a la última estación.

—Sí —dijo otro de los mendigos—, ya no tendrá que cavar más zanjas ni nada.

—Qué suerte la del sepulturero —comentó otro—. Al menos le pagarán cien dólares por sembrar a éste en un cajón de pino.

—¿Alguno de vosotros lo conocía? —preguntó la vieja. Nadie contestó.

—¿Dónde está su ropa? —preguntó el hombre de la cara marcada.

Uno de los mendigos la sacó de debajo de la cama. El hombre con la cara marcada la revisó. Encontró una navaja de bolsillo con el filo mellado, una moneda de cinco centavos y tres centavos sueltos. Eso era todo.

—Dadle los ocho centavos al sepulturero, de propina —dijo uno de los mendigos.

—No —replicó el hombre de la cara marcada—, se los daremos a nuestra casera.

La vieja extendió la mano. Los ocho centavos cayeron sombríamente sobre la palma.

—¿Quién era? ¿Lo conocía alguien? —volvió a preguntar la vieja.

—Supongo que nadie —respondió el hombre que había roto el vidrio.

—Y qué más da, ¿a quién diablos le importa un vagabundo muerto? —dijo otro.

—Tal vez a Dios sí le importe —respondió la vieja con una mirada dura y los ojos brillosos.

—Puede que sí —dijo el hombre que había roto el vidrio—, pero yo prefiero ir a la policía para que se lleven su cuerpo a la morgue. Y además tengo que encontrar mi zapato.

Una hora más tarde aparecieron dos policías, bajaron el cuerpo del vagabundo y se lo llevaron en un camión.

—Parece que se ha ganado un viajecito para él solo en el camión de la policía —dijo un vagabundo.

Luego el dormitorio volvió a quedar en silencio.

AMY, LA HERMOSA GORDITA

Cinco semanas después ya era primavera.

Dejé la ciudad en un vagón de mercancías una mañana de abril y vagabundeé por Kentucky e Indiana durante varias semanas hasta que conseguí un trabajo con Amy, la hermosa gordita cuyo espectáculo era la atracción principal de La Mejor, una compañía que trabajaba en las ferias de la región.

Amy pesaba más de doscientos kilos. Su número consistía en bailar sobre un escenario de grueso cristal con un tul blanco detrás de los hombros. Se suponía que eso le hacía parecer un ángel. Mi trabajo consistía en ir cambiando el color de la luz mientras ella bailaba.

Tenía que meterme bajo el escenario, en un espacio demasiado pequeño para que pudiera sentarme, y encender un foco al que luego iba colocando filtros de mica verdes, amarillos, azules y naranjas para que el suelo y la propia Amy fueran tiñéndose del color respectivo. Desde mi covacha podía oír los aplausos emocionados del público ante aquel baile angélico. Los pesados pies de Amy se desplazaban por el escenario que quedaba justo sobre mi cabeza, así que cada vez que ella se alejaba me sentía aliviado. En cierta ocasión Amy había roto uno de aquellos gruesos cristales, de modo que yo sólo podía cruzar los dedos para que aquello no volviera a suceder y Amy cayera directamente sobre el foco.

Amy usaba unos anillos que más parecían brazaletes, con diamantes de distintos tamaños. Los collares que llevaba en el cuello parecían una cadena montañosa. Su pecho era un pequeño valle rojo y sus senos se alzaban a los lados como grandes montañas que temblaban mientras ella bailaba. Era el ángel más gordo que había visto en mi vida.

Amy también bebía como ningún ángel lo ha hecho jamás. Con frecuencia, al terminar de trabajar se emborrachaba brutalmente y se ponía sensible. En esos momentos se olvidaba de que era un ángel peso pesado y se convertía en alguien inmensamente humano.

Su «charlatán», como ella lo llamaba, no aguantaba mucho la bebida. Lo apodaban Grito Alegre y en los círculos de feriantes se le consideraba uno de los mejores voceros que jamás habían existido. Podía haber convencido a un fantasma de que estaba viendo su propia sombra. Pero a Grito Alegre le bastaban apenas un par de copas: la primera lo ponía melancólico, la segunda lo dejaba adormilado y la tercera lo llevaba directamente a la inconsciencia.

Mi caso era muy distinto. Había nacido con el don de la bebida, por eso me convertí en el proveedor de Amy. Mi obligación consistía en que siempre estuviera bien surtida, una tarea que yo encontraba particularmente agradable. Como la feria nunca pasaba más de una semana en cada ciudad y en aquellos días felices no existía el contrabando, yo no tenía problema para suministrarle a Amy la cantidad de alcohol que quisiera. Cada fin de semana Amy me daba sesenta dólares y yo tenía que organizarme para que nunca le faltara la bebida.

Amy había sido una atracción de feria desde hacía ya muchos años y, por extraño que pudiera parecer, había tenido muchos amantes. Grito Alegre llevaba ya un año siendo su novio, pero como apenas podía beber a ella le daba la sensación de que cada vez tenían menos cosas en común. Cada vez que Grito Alegre sucumbía al alcohol Amy se ponía a contarme sus aventuras con otros hombres.

Cuando trabajaba con Barnum había sido amante de un enano ruso, pero durante una de sus peleas Amy le dio un golpe y se le fue tanto la mano que estuvo a punto de dislocarle el cuello. A partir de ese episodio Amy sólo se permitió tener como amantes a hombres corpulentos. Para la época en que trabajé con ella, gracias a mis visitas a Rabbit Town, el barrio de Saint Marys donde se ejercía la prostitución, yo sabía ya dos o tres cosas sobre las mujeres. El viejo Raley me había dicho que las prostitutas solían ser muy afectuosas, por eso cada vez que la vida me trataba con más dureza de la habitual iba allí y les contaba mis problemas. De algún modo, todas aquellas conversaciones me ayudaban ahora a comprender los estados de ánimo de Amy.

Jamás escuché a Amy decir más de tres frases seguidas en una conversación. Apenas hablaba, a no ser que se le hiciera una pregunta directa, e incluso cuando era así su respuesta no tenía más de cinco palabras.

A pesar de eso le gustaba la gente que hablaba, y yo, cuando estaba borracho, podía llegar a ser más parlanchín que Grito Alegre sobrio. Recordaba todos los libros malos que había leído, sobre todo la poesía. En esa época incluso era capaz de recordar las palabras exactas de algunas conversaciones que se habían producido semanas antes.

El poema favorito de Amy era casi interminable. Verso tras verso iba contando la vida de una pobre muchacha y sus familiares:

> Su padre robó caballos y acabó en la cárcel,
> su madre era una alemana de pies torcidos,
> su hermana tenía doscientos amantes,
> su hermano era un infeliz y un pervertido.
>
> Su primo, borracho en Cincy,
> comió un melocotón y se atragantó con el hueso;
> su tío, predicador en Quincy,
> no sólo era malo, también era viejo.

Amy era capaz de escuchar aquel poema durante horas enteras, y de cuando en cuando estallaba en una sonora carcajada. Cuando reía, su gran papada hacía que su cara luciera más redonda que la luna llena.

Siempre tenía cerca una botella de whisky y, junto a ésta, una de soda: le encantaban las burbujas del whisky con soda. A veces, si estaba particularmente encendida, podía llegar a actuar de modo muy infantil: agarraba la botella de soda y me rociaba la cara. Yo me reía porque Amy era mi jefa y también porque solía ser muy generosa. Me parecía justo que se divirtiera un poco, y aunque aquel gesto me dejaba siempre algo confuso no paraba de recitar los versos con los ojos irritados y la soda escurriéndome por la cara.

Las piernas de Amy eran más gruesas que dos postes telefónicos juntos y sus brazos, más anchos que las piernas de un hombre robusto, pero tenía todas las vanidades propias de su sexo: jamás olvidaba pintarse las mejillas de rojo hasta hacerlas parecer dos enormes manzanas de Oregón. Usaba unos zapatos de talla más pequeña y siempre se quejaba de lo mucho que le dolían los pies.

Más o menos por aquella época un par de estados del Oeste decidieron prohibir el alcohol. Esa medida drástica también privó a sus ciudadanos de la oportunidad de ver a Amy ejecutando su baile angélico porque ella se negó en redondo a viajar a los estados «secos». Cuando le planteé la posibilidad de alternar los estados «secos» con los demás me contestó la frase más larga que jamás escuché salir de sus labios:

—¡Hasta dónde va a llegar este país!

Más tarde acabé viajando por todo el Sur con un gran circo y con una compañía cuyo número principal era una mula resabiada que luchaba con un perro y un pony, pero jamás volví a conocer a nadie como Amy.

Incluso ahora, muchas noches me parece ver frente a mí la inmensa sombra de aquella mujer libre y de gran corazón, aquella diosa pagana con la simplicidad de una niña. Es verdad que el estrés de su baile angélico podía hacer que me insultara con todas sus fuerzas, pero casi siempre me trataba con ternura de elefanta.

Tenía una voz tan gruesa como ella misma. No llegaba a los

treinta y cinco años y su pelo era negro como el ala de un cuervo. Nacía muy cerca de sus cejas y ella se lo peinaba cuidadosamente hacia atrás. Tenía una nariz enorme y chata con dos agujeros grandes como monedas.

Todos sus dientes superiores eran de oro. «Por culpa de aquel maldito dentista negro», solía decir. No le gustaba tener a otras mujeres cerca, como si envidiara su delicadeza, su gracilidad.

Las cosas llegaron a su fin en Sioux City. Amy acababa de darme los sesenta dólares para que gestionara su ración semanal de alcohol y me encontré con un grupo de hombres que había abandonado la compañía. Me emborraché y me robaron parte del dinero. Me dio tanto miedo tener que enfrentarme a Amy que preferí partir hacia Chicago.

Nunca volví a saber de ella, pero la recuerdo con frecuencia y me pregunto si ella también se acordará de mí. Tampoco es la primera vez que el dinero se interpone entre dos amigos.

IV

DE NUEVO A LA AVENTURA

Cuando la primavera llegó a Chicago aquello pudo conmigo. Con Bill, un compañero de mi edad empezamos a planear un viaje a Omaha. Salimos de la estación Noroeste al anochecer. Bill ya tenía experiencia colándose en trenes correo.

Esperamos a unos cien metros del depósito para que el tren estuviera ya en movimiento. Oímos la locomotora avanzar por las vías con gran estrépito y muy pronto vimos el tren acercarse a buena velocidad; pasó junto al lugar en el que nos habíamos escondido en medio de una gran nube de vapor, entre chirridos y silbidos. La locomotora y el primer oficial venían envueltos en nubes blancas de humo y vapor. Nos sumergimos en aquellas nubes y al poco rato ya estábamos a bordo del tren.

El corazón me palpitaba a toda prisa con el entusiasmo de la aventura. Llegamos a De Kalb sin mayores percances y nos escondimos en un sitio oscuro mientras el tren estuvo detenido. Cuando comenzó a echar vapor de nuevo nos subimos al primer vagón. Había otro hombre frente a nosotros.

Grandes nubes de humo y vapor nos rodearon. Una luna amarilla y desvaída brillaba de cuando en cuando a través del vapor. El tren siguió su ruta unos cuantos kilómetros hasta que llegó a un apartadero. Se detuvo un instante frente al semáforo y, cuando estaba a punto de partir, aquel hombre se dirigió por primera vez a nosotros.

—Arriba las manos, muchachos —dijo apuntándonos con un enorme revólver negro.

Hicimos lo que nos pedía y el hombre nos esposó rápidamente el uno al otro.

—Vamos a ir tranquilos y sin problemas hasta Clinton, jovencitos, me encantará ver cómo os meten en el trullo un par de meses.

Cuando el fogonero abrió la escotilla para meter más carbón un fogonazo de luz iluminó el oscuro vagón.

El hombre de la pistola volvió la cara y observó cómo se deslizaba el paisaje. El tren iba ganando velocidad poco a poco y Bill se agarraba cada vez con más fuerza a la barandilla de hierro con la mano que le quedaba libre hasta que al fin le pegó una patada a aquel guardián de la ley, que cayó del tren.

Desde el suelo, el hombre disparó al cielo con furia. Vimos la pistola destellar a la luz de la luna en unas cuantas ocasiones más mientras el tren se alejaba de ahí a cien kilómetros por hora.

—Oye, Bill, ¿cómo nos vamos a quitar estas esposas? —pregunté.

—Haremos que el tren pase por encima —respondió Bill con una sonrisa, pero luego añadió con seriedad—: Maldita sea, tenemos un problema bien gordo; vamos a tener que bajarnos en Clinton, ahí es donde para primero. Seguro que ese bastardo ha mandado un telegrama contando lo que pasó; eso si no se ha roto la pierna al caer del tren.

Tiramos a la vez de las esposas.

—Nos ha esposado bien, ¿eh, Bill? —dije yo.

—Sí, pero no era más que un empleado de correos de cuarta: un poli de verdad jamás nos habría dado la espalda.

El viento golpeaba el costado del tren y esparcía el humo y el vapor por los campos de Illinois, pero a nosotros nos preocupaba un asunto más inmediato: cómo bajar esposados de aquel tren que iba a tanta velocidad. A los dos nos parecía que lo único seguro que podíamos hacer era tratar de abandonar el tren en el mismo instante en el que el silbido anunciara que nos acercábamos a Clinton: estábamos decididos a asumir cualquier riesgo antes de que nos acusaran de haber intentado atacar a un representante de la ley. Bill me explicó cómo pensaba que debíamos hacerlo y yo le dije:

—Sería un desastre si nos hacemos daño al saltar y encima nos detienen.

—Colón se la jugó, y eso que no había una cárcel esperándole si decidía regresar —me contestó.

Una hora después el silbido anunció que nos acercábamos a Clinton.

—Puede que a ese bastardo no le haya dado tiempo de poner un telegrama, pero lo mejor es que nos bajemos igual —dijo Bill.

Cuando el tren aminoró un poco la velocidad, bajamos al escalón de hierro que estaba adosado al vagón. Miramos al suelo: nos pareció que pasaba a toda velocidad bajo nuestros pies.

—¡Todavía no! —gritó Bill después de tocar el suelo con el talón como para comprobar la velocidad—, ¡nos romperíamos el cuello! —Durante unos instantes nos invadió un silencio nervioso—. Cuando saltes asegúrate de que te alejas del tren, no dejes que se te enganche un pie ni nada, por el amor de Dios. No quiero morir esposado contigo, pelirrojo: salta cuando lo haga yo —ordenó Bill.

—Asegúrate de elegir un lugar blando para caer —sugerí.

—Cualquier lugar es más blando que la cárcel, amigo. Saltemos ahora, estoy seguro de que nos alejaremos rodando del tren por ese lado, eso evitará que caigamos debajo. Debemos de estar a un par de kilómetros de Clinton.

Nos agarrábamos al tren con las manos esposadas. Bill hizo por que me situara tan alejado del carro como era posible, para reducir la posibilidad de un percance.

—A la de tres saltamos —gritó Bill—. Uno, dos… —Esperó a que pasáramos un puente y por fin añadió—: ¡Tres!

Saltamos los dos al mismo tiempo. No sé cómo tropecé y arrastré a Bill conmigo, pero al poco rato ya estábamos sentados en el suelo. Las esposas nos habían arrancado la piel de las muñecas, pero aparte de eso estábamos ilesos.

Paseamos por la orilla del Misisipi buscando dos piedras grandes a la pálida luz de la luna.

—Pondremos los enganches sobre una roca y los partiremos con otra —sugirió Bill.

—Me parece bien —repliqué.

Encontramos una gran roca plana hundida en la tierra y, tras una pequeña búsqueda, al fin encontramos otra más pequeña.

Bill utilizó la pequeña a modo de martillo. Estaba demasiado excitado y al golpear no le dio a la esposa, sino a mi muñeca.

—¡Eh! Cegato de mierda, mira bien dónde apuntas... —grité.

—Dale tú entonces —sugirió Bill.

Yo cogí la piedra y estuve pegándole a las esposas hasta que se torcieron y rompieron. Por fin libres, giramos la muñecas y nos reímos como niños.

Bill cogió las esposas rotas y las tiró al río. Se hundieron en el agua con un chapoteo.

—Ojalá una carpa se confunda y se las coma para desayunar —dijo Bill sin dejar de mirar el río—. Tengo una idea —continuó—: buscaremos trabajo en un teatro de variedades: Houdini y Kellar, los reyes de las esposas.

—Más nos vale tener cuidado, Bill, todavía no hemos salido de este pueblo.

—Lo que tenemos que hacer es pasar desapercibidos. Cuando algo pasa jamás pillan al verdadero culpable: se limitan a agarrar al primer vagabundo que ven y lo meten en la cárcel un par de meses —dijo Bill.

—Ya, pero no creo que a nadie le guste cargar con lo que hicimos nosotros —repliqué.

—Todo forma parte del juego, pelirrojo. Cuando lleves lo bastante yendo de aquí para allá alguno te agarrará y te hará pagar por lo que hizo otro. Ahora lo único importante es que no dejes que te pillen.

Bill había salido hacía poco del reformatorio para menores de Pontiac, Illinois. Había estado allí en dos ocasiones, la primera por vago, la segunda por rajar a un negro con una navaja. Tenía el pelo rubio y los rasgos afilados. Sus ojos eran azules, su nariz recta y su mandíbula cuadrada. Era fornido y tenía los hombros anchos y fuertes. No tenía ningún tipo de moral y era más irresponsable que el viento, pero también tenía virtudes: siempre estaba de buen humor y era muy generoso. Nunca pensaba en sí mismo en primer lugar, no importaba si lo que tenía que repartir era un dólar o una rebanada de pan. Tenía una fijación casi obsesiva con el aseo corporal. Era de movimientos rápidos y resolutivo en sus decisiones.

Durante un rato estuvimos paseando en silencio junto al Misisipi y a continuación me dijo:

—Te lo aseguro, pelirrojo, prefiero rajar con la navaja a cualquier bastardo antes que pasar otro verano en la cárcel.

—Por descontado —repliqué yo—, aunque es más seguro pegarles un puñetazo o tirarlos del tren.

—Puede que tengas razón —concedió—, pero te aseguro que al próximo tipo que intente meterme en la cárcel le espera una buena batalla. Ya he estado allí cinco años y me parecen más que suficientes.

Descubrimos una vieja barcaza que se alzaba y hundía entre las olas y la abordamos saltando desde otro bote que estaba atado a la orilla. Nos pusimos las chaquetas encima y los zapatos detrás de la cabeza, a manera de almohadas, y nos quedamos allí tumbados viendo las estrellas y sintiendo el vaivén de las olas contra el bote hasta que nos quedamos dormidos.

El sol se alzó sobre el bosque cercano e iluminó nuestros rostros con sus rayos. Nos incorporamos y contemplamos soñolientos la pacífica escena que nos rodeaba. Algunos gansos nadaban en círculos en mitad del río. Un tren de pasajeros pasó a toda velocidad sobre las vías rumbo a Chicago. Las ranas seguían croando en la orilla cuando dejamos el bote.

Caminamos unos cientos de metros para alejarnos de las vías. Una columna de humo se elevaba en los límites del bosque y al acercarnos percibimos el olor de la carne asada y el café recién hecho.

Había cuatro vagabundos sentados alrededor del fuego, al estilo indio. Uno más se inclinaba sobre la fogata y ponía pedazos de carne sobre una gran parrilla. Los hombres se miraron unos a otros cuando vieron que nos acercábamos, pero se relajaron en cuanto Billy les dijo unas palabras.

Habían puesto una puerta de vagón sobre unos durmientes a modo de mesa. Encima había algunos platos baqueteados.

El hombre que asaba la carne era un vagabundo alto y anguloso con cara de águila y una constante mueca de desdén. Era de un carácter tan frío que parecía tener el corazón envuelto en hielo. No nos dirigió la palabra. Un hombre de aspecto cansado, manco, ancho de cuerpo y con una gran barriga se levantó de su asiento. Se plantó frente a nosotros y nos dijo:

—No seréis fugitivos, ¿verdad, muchachos?

—No, señor. No andamos huyendo de nadie.

—Eh, Lanky —le dijo al cocinero—, ¿les puedes dar a estos chicos algo de comer?

—¿Qué sucede? ¿Están sin blanca? —preguntó otro de los mendigos al ver que Lanky ignoraba la petición.

—Estamos más pelados que una calavera —replicó Bill.

—En ese caso sentaos y comed un poco —dijo el manco.

La brisa agitaba las copas de los árboles. El sol proyectaba la sombra de las hojas sobre la puerta de vagón que hacía de mesa. Lo único que estropeaba un poco la escena era la avaricia provocada por el hambre. Los pájaros revoloteaban entre las copas de los árboles y volaban bajo sobre el agua del río. Los gansos se deslizaban sin prisa en dirección a los vagabundos.

El manco los observó durante un momento y nos hizo notar la belleza del que nadaba a la cabeza, un ganso de plumas beige. Le gritó avisándole del peligro:

—Ven esta noche, amigo, y haremos un buen guiso.

Al principio los hombres hablaban muy poco, pero en cuanto aplacaron el hambre la conversación se animó. Hasta

Lanky, el cocinero, se decidió a hablar en un par de ocasiones.

—¿De dónde venís, muchachos? —preguntó uno.

—De Chicago —respondió Bill.

—¿Y a dónde vais? —preguntó otro.

—A dar una vuelta por ahí durante el verano —respondí yo.

—Yo vine ayer por la noche de De Kalb en un tren de transporte de carne y en el depósito escuché que habían tirado a un guardia del tren número i.

—Esto se va a poner feo —dijo el manco—. Clinton siempre fue una ciudad muy violenta con los vagabundos. Quizá deberíamos largarnos de aquí.

—Tenemos que ser listos como el demonio —replicó otro de los vagabundos—: si se acerca cualquier bastardo por aquí habrá que echarlo a nadar con los gansos. Va a tragar más agua que un cangrejo.

El vagabundo manco se levantó de la mesa y fue a sentarse bajo la sombra de un enorme roble blanco. Rellenó su pipa de mazorca de maíz utilizando su única mano y enseguida encendió la cerilla con un golpe de la uña de su dedo pulgar. Un segundo más tarde era la viva imagen del más absoluto placer.

Yo me tumbé sobre la hierba a su lado y me entretuve un rato con unas revistas que estaban tiradas por allí. Bill se reunió con nosotros poco después. Se echó un rato, pero como era incapaz de estar mucho tiempo quieto se levantó y se fue a dar un paseo por el bosque. No tardó en regresar dando vueltas a un palo de escoba como si fuese el bastón de un bailarín.

Nos dispersamos durante una hora y regresamos al campamento al atardecer, cargados de comida y bebida que había comprado o mendigado por ahí.

Bill mendigó ochenta centavos en la calle principal de Clinton y yo recibí cincuenta centavos de un borrachín con la cara enrojecida. Lo conmovió la historia que le conté, así que me propuso acompañarlo a una taberna cercana. Bill estaba mendigando al otro lado de la calle, pero en cuanto se dio cuenta corrió detrás de nosotros.

Los presenté como pude, porque no sabía el nombre del tipo. Se dieron la mano y el hombre invitó a Bill a unirse al grupo. Nos pusimos a contar historias de vagabundos que deben de haber interesado al encargado, porque al irnos nos dio una pinta de whisky a cada uno. Regresamos al campamento con las venas llenas de alcohol, un dólar y treinta centavos en el bolsillo y dos pintas de whisky.

Estaba apunto de anochecer. El alcohol fue nuestra contribución a los gastos del día. El mendigo de rasgos angulosos que hacía de cocinero sonrió con la boca torcida cuando vio las botellas. Cogió una y dijo:

—Menudo par de gorrones estáis hechos.

Se la llevó a la boca y vimos la gran nuez de su garganta subir y bajar hasta que otro mendigo se la arrebató de las manos.

—¿Qué pasa contigo, Lanky? ¿Es tu cumpleaños? —se burló.

El mendigo alzó la botella para que todo el mundo pudiese verla: Lanky se había bebido la mitad.

—Tenemos una pinta y media de esto y yo tengo otra pinta de ginebra y seis naranjas que me regaló un tipo. Hierve un par de litros de agua con las naranjas y echémosle el whisky y la ginebra. Nos dará para unos cuantos tragos, ¿os animáis, muchachos?

A todo el mundo le pareció bien y el mendigo se puso enseguida a preparar aquella extraña pócima.

—Deberías echarle también un poco de queroseno —sugirió uno de los vagabundos.

—Le pondré un poco de matarratas para Lanky —replicó el vagabundo que mezclaba las bebidas.

El coctel no tardó en estar listo y los buscavidas se lo bebieron en sus tazas de hojalata oxidadas por la lluvia.

Durante un rato se olvidaron de la ley y de sus vidas mise-

rables y entonaron unas canciones verdes sobre vagabundos
que le habrían encantado a Rabelais, incluida una larguísima
cuyo héroe era una especie de Don Juan vagabundo que al final moría tranquilo en su cama. Una parte se puede publicar:

SENTÓ LA CABEZA

En los montes Patata,
donde hay campos de cigarrillos y fuentes de limonada,

de los árboles penden los huevos con beicon
y el pan brota del suelo;
hay ríos donde corre el whisky con hielo,
y es gratis todo lo que pida el deseo.

Los pollos saltan a la sartén
y se fríen solitos hasta estar dorados,
las vacas baten su propia mantequilla
y se ordeñan solas desde temprano.

En los arbustos crecen los desayunos
ante los ojos alegres de los vagabundos
y todas las noches a las once
llueven tartas de manzana por el mundo.

Por eso el flaco Iowa se sienta en su porche,
mientras sus mujeres juegan con su pelo;
ve los trenes pasar y se queda pensando:
«Qué más me da, iros al infierno».

Alguna vez vagó por el mundo
y tuvo más esposas que un prete,
todas amaban a aquel perro viejo,
a aquel sucio vagabundete.

Hoy en su casa cantan los pájaros
y las muchachas nadan en las fuentes.

Donde los cigarrillos crecen junto a las cerillas,
en los montes Patata, tiene su fuerte.

El sol se puso en el bosque mientras aquellos hombres reían y cantaban. La luz del ocaso suavizó los rasgos de sus rostros. Los grillos y las ranas comenzaron su canto lúgubre.

—Estoy totalmente borracho —dijo Bill haciendo girar con destreza su palo de escoba.

Un vagabundo fornido encendió una linterna y la puso sobre la mesa improvisada.

—Si alguien me trae leña puedo asar un poco de carne —dijo—. Lanky esta fuera de combate.

Lanky dormitaba tumbado sobre la hierba. Tres vagabundos se levantaron al instante y se adentraron en el bosque en busca de leña. Desde donde estábamos podíamos oír a uno de ellos canturrear mientras hacía lo que le habían pedido.

Dos hombres aparecieron por el lado del río y se unieron a los que estaban junto al fuego. Bajo aquella luz vaga parecían vagabundos, pero los que estaban junto al fuego comenzaron a hablar con cautela porque no estaban seguros de la identidad de los recién llegados. Uno de ellos se puso junto a Bill, pero luego dio un paso atrás, a lo que Bill respondió dando un paso atrás también. El segundo se situó en el lado opuesto, intentando mezclarse con el grupo que se arremolinaba junto al vagabundo fornido, que acababa de poner una tetera sobre el fuego.

—¡Daos prisa con esa leña, muchachos! —gritó el fornido.

En ese momento, el hombre que estaba junto a Bill apuntó al grupo con un arma y gritó:

—Manos arriba, estáis todos detenidos.

Uno de los mendigos le pegó una patada a la linterna, lo que sorprendió al intruso. Aprovechando la confusión, Bill le dio un fuerte golpe en la mano con el palo de escoba. Se oyó un gemido, el sonido del revólver al caer al suelo y un violento puñetazo; inmediatamente después distinguimos el ruido de un cuerpo que se desplomaba pesadamente.

Los que habían ido por leña regresaron en ese momento. Enseguida se dieron cuenta de lo que pasaba, así que soltaron su cargamento en cualquier sitio. Uno de ellos se apresuró a recoger el revólver del suelo mientras Bill y otro vagabundo le daban una paliza al segundo intruso.

El vagabundo manco ordenó:

—Registradles, tal vez sean sólo rateros, no polis.

Los registraron y vieron que llevaban dos pares de esposas. Bill señaló a uno mientras me susurraba al oído:

—Ése es el tipo al que tiré del tren la otra noche.

—Lo sé —respondí en voz baja.

—Bueno, ¿qué hacemos con ellos? —preguntó el vagabundo fornido.

—Que se los coman los peces, si es que pueden —dijo Lanky, que se había despertado con el jaleo.

El policía al que Bill había desarmado con el palo de escoba estaba tirado en el suelo gimiendo.

—A éste le he dado bien fuerte —reveló el vagabundo fornido—. Cuando me aplico no hay quien se tenga en pie, creedme…

—¿Estás seguro de que no le has roto la mandíbula? —preguntó Lanky.

El fornido se inclinó y le movió la mandíbula al que estaba tendido en el suelo.

—No está rota; un poco suelta nada más —dijo.

—Tira esa pistola al río —le ordenó el vagabundo manco al que la había recogido del suelo—. Nunca hay que dejar que lo pillen a uno con una de ésas encima.

—Me arriesgaré a empeñarla. Me darán veinticinco pavos como poco.

—Muy bien, allá tú, pero te aseguro que yo no viajo con gente armada, menos aún en tierra hostil —respondió el manco.

—Esposémosles a un árbol y que les den —sugirió el fornido—. Lanky, tú vas a rumbo a Chicago, desde allí puedes

DE NUEVO A LA AVENTURA

escribir una carta al jefe de la policía diciéndole dónde están. Ya es más de lo que ellos harían por nosotros.

Arrastramos a los dos agentes indefensos hasta unos árboles de unos treinta centímetros de diámetro. Seguían inconscientes, así que los sentamos lo mejor que pudimos con las espaldas apoyadas al tronco y esposados entre sí. Cuando terminamos el vagabundo manco dijo:

—Y ahora vámonos todos de aquí. Podemos pillar el primero al Oeste antes de que alguien venga a buscar a estos tipos. Cuando llegue el tren no habrá nadie en la estación: esos bastardos estarán más preocupados en encontrar a sus amigos… ja, ja.

Todos se dirigieron a la estación menos Lanky, que caminó hacia el este para esperar el tren rápido a Chicago. Una hora más tarde el Número 1 ya estaba sacando a siete de nosotros de Clinton.

V

UN RELATO SOBRE FILIPINAS

Cuatro vagabundos se bajaron en los rápidos de Cedar y Bill y yo acompañamos al manco hasta Boone. Como teníamos algún dinero compramos algo de comer y nos acercamos a un campamento de buscavidas donde nos quedamos hasta última hora de la tarde, cuando abordamos un tren de carga hacia el Oeste.

Los tripulantes nos vieron saltar a uno de los vagones vacíos cuando el tren salía del depósito, pero no nos importó. Mientras se deslizaba lentamente por las vías nos acomodamos para soportar mejor los doscientos kilómetros que faltaban para llegar hasta Omaha.

Pasamos un puente de casi quince kilómetros que se elevaba sobre un enorme desfiladero. De pie junto a la puerta del vagón vimos el humo de la locomotora rizarse en nubes negras y los verdes árboles del fondo del cañón que la distancia hacía parecer arbustos. Movidas por el viento las copas se agitaban como las olas de un océano intensamente verde.

Atravesado el puente el tren se detuvo y la tripulación del tren al completo vino hasta el vagón para tratar de sacarnos algo de dinero.

—Si no pagáis tendréis que bajaros ahora mismo —gruñó el maquinista.

—No tenemos nada —dijo el manco— y aparte… ¿es que nos os paga igualmente la compañía? ¿Qué ganáis sacándole el dinero a unos pobres vagabundos?

—Eso a ti no te importa, no somos un tren de ganado —respondió el guardafrenos.

Estaban armados, así que no valía la pena oponer resistencia. Decidimos bajarnos.

En un último intento de sacarnos algo de dinero, aunque fuera una pequeña suma, el maquinista dijo:

—Venga, os dejaremos quedaros a bordo por un dólar por cabeza. Tres dólares no es nada.

—No —respondió Bill—: no pienso darte ni un centavo por llevar una carga que no pesa más que una carta, va en contra de mis principios.

—¿Qué dices, muchacho? —preguntó el guardafrenos.

—¿Sabes lo que le dijo el papa al cardenal? —intervine yo.

—No, ¿qué le dijo?

—Que se fuera al infierno —respondí.

Eso puso fin a su intento de arrebatarnos nuestras riquezas. El guardafrenos se quedó apuntándonos con un arma mientras sus compañeros volvían a sus puestos. El tren reanudó su marcha lentamente y poco después lo vimos desaparecer en la distancia.

Caminamos hasta una cabaña que quedaba al otro extremo del puente y nos encontramos a un hombre tallando un palo de madera.

Tenía unos treinta y tres años, cara flácida, ojos negros, nariz chata. Llevaba un sombrero del ejército echado airosamente hacia atrás. Su camisa abierta dejaba ver la bandera americana que llevaba tatuada en el pecho..

—Queremos regresar a Boone, ¿qué tan lejos está? —preguntó Bill.

El hombre dejó de tallar por un momento, alzó la mirada y dijo amablemente:

—A unos quince kilómetros.

—Y hacia el otro lado, ¿a cuánto queda la ciudad más cercana? —preguntó el vagabundo manco.

—Hay unos veinticinco kilómetros hasta la primera parada del tren —respondió el hombre de la bandera en el pecho.

—Bueno, volvamos a Boone por el puente —propuso Bill.

—No podéis, muchachos: justamente para eso estoy aquí,

para no permitir que nadie cruce el puente. Hace poco el tren atropelló a un tipo cuando iba por la mitad y lo arrojó a los árboles como a un pájaro muerto —dijo el hombre retomando su talla. —Nos quedamos callados un instante; él volvió a levantar la vista y continuó—: Un tren pasa por aquí a poca velocidad por las noches, estoy seguro de que no tendréis problemas para subiros. Transporta carne en vagones sellados y fuera de este tramo va tan rápido como los trenes correo. Yo de vosotros me quedaría a esperarlo: de otro modo tendríais que caminar seis kilómetros hasta el primer cruce y después quince más por la carretera para llegar a Boone.

Era fácil darse cuenta de que se sentía solo.

El sol no tardó en ponerse y el cielo fue tornándose de un gris desvaído. A continuación, una larga nube color rojo sangre apareció en el horizonte, seguida de más nubes grises que fueron reuniéndose hasta dar la impresión de un gran castillo de cemento con todo y sus almenas. Unas nubes amarillentas sobrevolaron el castillo como inmensas mariposas incapaces de encontrar un arbusto en el que poder descansar.

Al poco tiempo todo se volvió escarlata, luego púrpura oscuro, malva, y al fin las sombras se apoderaron de la tierra y todos los colores se fundieron en un azul oscuro a través del cual comenzaron a brillar las estrellas.

Mientras los otros hablaban de naderías yo me quedé en silencio, fascinado con aquel espectáculo.

Los búhos comenzaron a llamarse unos a otros allí abajo, entre los árboles. A lo lejos ladraron unos perros.

—Este tipo de noches me recuerdan a Filipinas —dijo el vigilante.

—¿Has estado allí? —le preguntó el vagabundo manco.

—Por supuesto —replicó el vigilante—: tres años.

—Maldita sea, yo también —dijo el manco.

—¿Fue allí donde perdiste el brazo? —preguntó el vigilante.

—Sí, pero no fue por mi país, sino por una chica. —Nadie dijo palabra y el manco continuó—: Las estadounidenses no tienen la menor gracia: son todas iguales. Ella era mestiza: mitad bagobo, mitad china, y más bella que un plato de huevos con jamón en la mesa de un mendigo. Los mestizos son como los judíos en Filipinas. —El vigilante asintió—. La chica era un encanto y yo estaba loco por ella. Su padre era un amarillo que regentaba una casa de apuestas. Ella también me quería y, ¡Dios!, qué bien se le daba. Tenía solo dieciséis años: en aquel país se hacen mujeres muy pronto. La familia de su madre eran bagobos. A los mestizos no les gusta luchar: están demasiado ocupados con otras cosas como para que eso les interese, pero los bagobos sí luchan; son capaces de montar como los indios y son buenos con la lanza. Adoran a sus caballos, tanto como los árabes. Un día el padre de la muchacha le dio diez dólares, ella compró un montón de azúcar y envió a varios criados a recoger guayabas. Las coció hasta convertirlas en jalea y se la dio a los criados para que la vendieran: ganó un buen dinero con aquello. Luego se puso a traficar con joyas. Tenía una caja fuerte donde guardaba perlas y diamantes. Era buenísima para trapichear. Me regaló cuatro diamantes y yo me sentí el rey del mundo. Esa chica sí que sabía cómo hacer dinero, y eso que sólo tenía dieciséis años.

»¿Sabes dónde está el río Diga? —le preguntó de pronto al vigilante. Él contestó que sí mientras llenaba su pipa y la encendía—. Bueno, pues ella vivía cerca de allí, en un pueblo que se llama Vera. Toda aquella zona es realmente bonita. Las mujeres son capaces de montar como si fueran hombres: ¡tendrías que haber visto cómo montaba mi morenita! A veces hasta siento deseos de volver, aunque puede que ahora esté gorda y fea. Ya sé que también estoy gordo ahora, pero entonces no. Su padre quería enviarla a España para que estudiara. Muchos filipinos estudian fuera del país, pero todos regresan, como los indios: les encanta vivir ahí. En realidad, no tienen nada que envidiarnos. Y son buenos para trabajar, tanto como nosotros. Aunque yo no trabajo, la verdad.

»Mi chica tenía un hermano cura y rematadamente listo. Su padre había sido cristiano cuando era más joven, pero luego regresó a su religión amarilla. Muchos de ellos se convierten al cristianismo sólo porque les dan dinero. Pues bien, el viejo sospechaba que a mí me gustaba la chica y me invitó a una gran cena el día de Año Nuevo. Allí es en febrero; se suelen tomar una semana de vacaciones, hacen cerdo asado y ponen adornos. Yo me emborraché con un licor verde que habría podido tumbar a una mula, así que tuvieron que llamar a un médico chino que me dijo un montón de estupideces y me tomó el pulso en el puente de la nariz. Luego sentí un golpe en la cabeza y vi que un montón de chinos se me venían encima para golpearme. Me acorralaron y tuve que luchar como gato panza arriba. Mi chica no paraba de gritar y de intentar sacarme de allí, pero un chino la tenía agarrada. Otro intentó clavarme un cuchillo oxidado y yo cogí una silla y se la partí en la cabeza. Se quedó aturdido y aproveché para darle un gancho, luego lo agarré del pelo y él se puso a dar vueltas como un tapón. Eran muchos, pero me las arreglé para noquear a otro par. Estaba bastante entero, pero mientras cogía a uno de esos enanos por el cuello, el del cuchillo se me echó encima y me lo clavó en el brazo. Empezó a salir sangre por todas partes y mi chica por fin se zafó y corrió hacia mí. Otro chino la agarró por detrás y su padre se puso a gritar que no me mataran, como si eso pudiera tranquilizar a todos aquellos demonios. Perdí el conocimiento y estuve a punto de desangrarme, pero el viejo médico chino logró cortarme la hemorragia.

»Estuvieron a punto de meterme en una cárcel militar, pero el capitán no era un mal tipo y supongo que pensó que perder un brazo ya era demasiada mala suerte, sobre todo después de perder a una chica tan guapa. El capitán tenía buen gusto para las mujeres, así que dejó que me lo tomara con calma. Decidí que me iría a San Francisco, a ver cómo iban las cosas por ahí. —Se detuvo un instante, se tocó la manga vacía y continuó—: Cuatro meses más tarde cumplí tres años en el ejército y como ya tenía el brazo curado me enviaron de vuelta a San Francisco en el primer barco carguero. A la chica la mandaron quién sabe dónde y no volví a verla después de la pelea.

—Debía de ser un bombón —dijo el vigilante—. Yo también salí con una pequeña pilla de Manila. Muchas veces me acuerdo de ella. Ahora tengo mujer y tres hijos en Boone, pero no sabes cómo me gustaría volver a ser soltero. Vaya que sí. Al infierno con el matrimonio.

Un tren de ganado cruzó a toda prisa el puente, como si estuviese llevando víveres a un ejército hambriento. Los cuatro nos pusimos en pie.

—Ese tren no para en sesenta kilómetros —dijo el vigilante—. Si os conseguís subir no tendréis problema en todo ese tiempo.

Un hombre agitó una linterna desde el furgón de cola y luego desapareció en el interior.

Con un apresurado «Hasta la vista» y un «Buena suerte» como respuesta nos subimos al tren.

VI

UN BAUTIZO EN EL RÍO

Llegamos a Omaha a primera hora de la mañana. El vagabundo manco siguió hasta San Francisco con la intención de embarcarse rumbo a las islas Filipinas, donde vivía la mujer de sus sueños. Lo acompañamos hasta que se subió al rápido de la Union Pacific que iba hacia el Oeste.

Como los buscavidas cambian de opinión con facilidad, decidimos de pronto partir hacia San Luis. Un vagabundo de Omaha nos había dicho que allí pagaban buenos sueldos en la recolección. Queríamos esos sueldos, por supuesto, aunque el trabajo no nos interesaba gran cosa.

Tras un trayecto rápido en un tren correo llegamos por la tarde del día siguiente, ya domingo, al dique de un pequeño pueblo cercano a San Luis.

Un grupo de negros formaba un semicírculo frente al Misisipi. Cantaban himnos bajo la dirección de un predicador con una pierna notablemente más delgada que la otra, una barriga enorme y la cabeza puntiaguda. El predicador sostenía un libro de himnos con ambas manos y, al llevar el compás, hacía sonar una pesada cadena de reloj de la que colgaban dos amuletos y una herradura.

Nos acercamos en compañía de un vagabundo que habíamos conocido y pronto pudimos distinguir la letra del himno:

> *Oh, alegría que invades este instante.*
> *Oh, felicidad que me inunda.*
> *Que nadie intente detenerme…*

En ese punto subieron la voz y cantaron a coro mientras hacían toda clase de movimientos alocados:

Soltad las amarras, dejadme marchar.

Gritaron y aplaudieron, y enseguida comenzaron a cantar otro himno:

Es la religión de nuestros padres,
es la religión de nuestros padres,
es la religión de nuestros padres
y también me sirve a mí.

Le sirvió a la vieja mami,
le sirvió a la vieja mami,
le sirvió al viejo papi
y también me sirve a mí.

Lleva a los metodistas al bautismo,
lleva a los metodistas al bautismo,
lleva a los metodistas al bautismo
y también me sirve a mí.

Cuando acabaron de cantar ataron dos cuerdas a unos postes que había junto a la orilla. Un negro se adentró unos cinco metros en el río amarillento y ató los extremos de las cuerdas a otros dos postes que sobresalían del agua; después las tensó hasta que quedaron unos cuantos centímetros sobre el nivel del río.

El predicador dejó el chaleco en la orilla y sujetándose de las cuerdas con sus poderosas y oscuras manos se adentró en el agua. Resbaló en el barro y la cabeza se le hundía en el río. Las cuerdas se agitaron mientras batallaba para ponerse en pie. La comunidad cantaba a toda voz:

Nos encontraremos en ese bendito puerto
donde acabará nuestro duro viaje,
donde san Pedro echará el ancla,
donde terminará nuestro penar.

Nos encontraremos con Cristo salvador
que vendrá a buscar a los suyos,
y los negros cantaremos su gloria
reunidos ante su trono.

Llegado ese punto el sacerdote, que por fin se había logrado incorporar, le indicó con la mano a uno de los fieles que lo siguiera. Consiguió llegar hasta el final de la cuerda y se volvió para encarar a la multitud. Entonces se puso a bautizar, una a una, a varias personas, sumergiéndoles la cabeza en el agua por unos instantes mientras el resto de la congregación gritaba y cantaba.

Entre la multitud había un incrédulo que no paraba de hacer bromas sobre los otros negros. Una anciana que trataba de alcanzar la orilla tras su bautizo comenzó a gritar: «Soy pura: la sangre del cordero me ha lavado».

—No te creas, hermana —gritó el incrédulo—, más bien estás hecha un asco.

Pero a la anciana no pareció importarle el insulto y cantó con todas sus fuerzas:

Hoy el Señor me ha dado el mundo,
mañana me dará el cielo y luego me dará el mar,
y una fila de barcos dorados
navegará hasta las puertas del cielo.
¡Oh, me alegro de ser vieja:
no tendré que esperar demasiado!

—¡Venid pecadores! ¡Venid! El Señor está en su tabernáculo —gritó otra persona.

—A algunos pecadores de por aquí nos parece que habría que darle un lavado a las paredes de ese tabernáculo, porque están cubiertas de porquería —se rio el incrédulo.

La mujer volvió a ponerse a cantar y el resto de la gente se unió a ella:

Más blanco que la nieve; sí, más blanco que la nieve:
lávame y seré más blanco que la nieve.

—Pues os va a llevar un rato quedar más blancos que la nieve —gritó Bill con sorna.

Cuanto más cantaban, más histéricos se ponían. Algunos parecían intentar echarse a volar como si fueran enormes cuervos negros. Caían y rodaban por el suelo.

Una vieja de dientes amarillos se negó a entrar en el agua. Decía que estaba muy fría.

—El Señor no sabe de calor ni de frío —gritó el predicador.

—Pero yo sí —respondió ella—, y no me quiero morir de una pulmonía. Todavía no estoy lista para encontrarme con Él.

El sol estaba a punto de ponerse y los fieles seguían entrando en el río. El predicador, sudoroso por el esfuerzo de cristianizar a tanta oveja descarriada, miró con expresión de cansancio a todos los que aún le quedaba por bautizar. Todavía faltaban siete. Dos más se introdujeron en el agua y se dirigieron hacia él mientras el resto esperaba en la orilla cantando con más fervor que nunca.

A todo esto el chaleco del predicador seguía tirado junto a la orilla, pero nadie parecía recordarlo, excepto Bill y yo.

—Voy a pillar ese chaleco —dijo Bill—: tiene una cartera y una cadena.

La congregación cantaba con entusiasmo cuando los últimos tres fieles se deslizaron hacia el exhausto predicador. Bill agarró el chaleco y nos dijo:

—Muchachos, nos vemos en el depósito del tren más o menos dentro de una hora.

En cuanto Bill se marchó el tipo que se quedó conmigo comentó:

—Ese chico es un bastardo, ¿a quién se le ocurre robarse el chaleco?

Cuando el último pecador se sumergió en el agua la negra asamblea prorrumpió en un grito de júbilo. Hasta el incrédulo parecía conmovido: la ironía de su gesto dejó paso a la humildad.

—Hermanos —dijo a los que se encontraban a su alrededor—, me gustaría unirme a vosotros en esta celebración: siento que el Señor me ha tocado con su mano.

A continuación se dirigió hacia el agotado predicador que aún se encontraba al final de la cuerda.

El incrédulo fue debidamente bautizado entre risas, gritos y lágrimas de los negros que se encontraban en la orilla.

El pesado ministro, con la ropa completamente pegada al cuerpo, caminó hacia la orilla mientras todos cantaban:

> *Nos reuniremos en el río,*
> *el hermoso, hermoso río;*
> *nos reuniremos con los santos en el río*
> *que fluye hacia el trono de Dios.*

> *En la orilla de este río,*
> *lavados con su espuma de plata,*
> *caminaremos siempre juntos,*
> *alegres en este día glorioso.*

El reverendo alcanzó por fin la orilla cuando acabó la canción. Su mente no tardó en regresar a los asuntos terrenales y no pudo evitar un gesto de sorpresa cuando vio que su chaleco no estaba donde lo había dejado.

—Hermanos, hermanas, ¿alguien ha visto mi chaleco? —gritó.

—Sí, lo hemos visto, estaba justo ahí.

Todos miraron incrédulos hacia el lugar en el que había estado el chaleco.

—El Señor no perdonará jamás una acción semejante —dijo el ministro mostrando bien poca fe en su rebaño—. Quien roba la ropa al viñador debe ser condenado al fuego eterno —gritó—. Tenía allí el reloj que me regaló la congregación y también el dinero de las ofrendas más cuarenta dólares de mi propio bolsillo. Echad un vistazo hermanas, tal vez os hayáis confundido.

—Y menuda confusión —dijo mi andrajoso compañero.

El ministro y su grey estuvieron un rato buscando por los alrededores como si no pudieran creer lo que veían sus ojos. El pesado pastor de aquellas ovejas negras regresaba una y otra vez al lugar en el que había dejado el chaleco.

—No está —murmuraba—; juraría que lo he dejado ahí.

Luego se volvió hacia mí y me preguntó:

—¿Has visto un chaleco por aquí, muchacho?

—Lo he visto —respondí sinceramente—, pero no sé dónde está.

—Ni yo tampoco —respondió el pastor.

Los fieles se miraban unos a otros con suspicacia.

—No creo que nadie se haya atrevido a llevarse la ropa del pastor, simplemente no lo creo —se quejaba el sacerdote.

—Tal vez se lo ha llevado un perro —sugirió una mujer empapada.

—Sí, yo he visto a un perro grande por aquí hace una media hora. Llevaba un trapo en la boca o algo parecido, ahora lo recuerdo —dijo el vagabundo que estaba a mi lado.

—¿Y hacia dónde fue? —preguntaron varios miembros de la congregación al unísono.

—Por ese camino —respondió señalando en la dirección opuesta a la que había tomado Bill.

Los cansados miembros de la congregación salieron al instante busca del perro imaginario.

Desaparecieron en la oscuridad hablando entre ellos mientras nosotros nos apresurábamos a encontrar a Bill.

Nos lo encontramos tumbado en la hierba cerca del depósito del tren.

—Vamos a San Luis a tomarnos unas copas —dijo—. Sé de un lugar en la zona este que abre los domingos.

Nos subimos a un tranvía y al poco rato estábamos en una taberna ante una mesa repleta de bebidas.

—¿Qué has hecho con el chaleco? —le pregunté a Bill.

—Lo tiré al río: tenía que bautizarse —respondió Bill sin dejar de mirar su pesado reloj de oro—. Aquí hay treinta y ocho dólares; a ti te daré cinco —dijo extendiéndole un billete al vagabundo—, y tú y yo, pelirrojo, vamos al cincuenta por ciento.

Las copas se sucedieron a toda velocidad y el vagabundo se fue poniendo cada vez más locuaz. Nos enseñó una carta firmada por un carcelero de Georgia que decía que el portador de la misma había cumplido una pena de once meses y veintinueve días y que, aunque había sido internado por vago, había demostrado ser un eficiente trabajador en todo tipo de tareas. Estaba tan orgulloso de aquella carta como un hombre afortunado podría estarlo de una riqueza incalculable.

Pocos días después volvíamos a estar sin blanca. El trotamundos de la prisión de Georgia nos abandonó de una manera un tanto inesperada la primera noche. Bill lo había enviado a ver a un prestamista con la esperanza de que consiguiera algún dinero por el reloj. Al parecer, tenía sus motivos.

—Uno siempre se arriesga a que lo pillen cuando lleva el reloj de otro —dijo cuando vio al vagabundo alejarse con la prenda.

—Pero tú también te estás arriesgando al dejar que se lo lleve un tipo así —repliqué.

Resultó que yo tenía razón: no volvimos a verle el pelo a aquel vagabundo.

VII

NUEVAS CORRERÍAS

Durante un tiempo estuvimos caminando por el campo sin rumbo y sin un centavo, hasta que nos avenimos a trabajar para un granjero que se apellidaba Mabee. Nuestro trabajo consistía en llevar cada uno un par de jamelgos enganchados a un carro decrépito que no paraba de chirriar ruidosamente cuando enfilábamos la carretera. El arreo de los caballos estaba hecho de alambres y trapos.

Dormíamos en el establo, en un altillo destinado a almacenar heno. Durante las silenciosas horas de la noche se oía a las ratas husmeando por todas partes y de cuando en cuando a algún murciélago que revoloteaba a nuestro alrededor chirriando como una rata con alas.

Habíamos oído que si un murciélago se le adhería a uno al cuerpo la única forma de quitarlo era cortando con una navaja ese trozo de carne, por lo que siempre que entraba uno nos tapábamos con las mantas hasta estar convencidos de que había vuelto a salir al espacio abierto.

Los mosquitos tenían su cuartel general en un estanque cercano y volaban desde allí en busca de sangre. Durante toda la noche se oía su zumbido melancólico. Parecían haber encontrado la forma de picarnos a través de las mantas, porque todas las mañanas nos levantábamos con el cuerpo cubierto de ronchas.

De vez en cuando también entraban algunas luciérnagas y se ponían a volar en círculos. En ocasiones, cuando brillaban todas a la vez, el altillo se iluminaba de tal modo que éramos capaces de distinguir todo lo que había allí.

El señor Mabee tenía una hija a la que nunca llegamos a ver cara a cara. Siempre que nos acercábamos se ponía convenientemente a cubierto. Al final aquello se acabó convirtiendo en una broma privada y todas las mañanas al despertar nos decíamos: «Quién sabe, puede que hoy sea el día en que conozcamos a la señorita Mabee, puede que no». La vez que estuvimos más cerca de conocerla fue una mañana en la que puso la mesa para el desayuno un poco más tarde que de costumbre. Entramos en el comedor justo a tiempo para verla desaparecer por la puerta de la cocina.

La señora Mabee se quedaba a nuestro lado cuando estábamos a la mesa. O había nacido cansada o se cansó justo después de nacer: nadie habría podido cansarse hasta tal punto sin un largo entrenamiento.

Tenía la tez cetrina y las mejillas hundidas. Daba la impresión de que le costaba un trabajo enorme mantener los ojos abiertos. Se quedaba de pie junto a la mesa con unas ramas de arbusto en la mano y las movía lentamente, tal vez con la intención de mantener alejadas a las moscas. No servía de mucho: las moscas se paraban a descansar sobre las ramas que la señora dejaba tarde o temprano junto a la mantequilla, con lo que sólo tenían que dar un saltito para echarse encima.

El señor Mabee hablaba muy rara vez, o casi nunca. Estaba tan cansado como su mujer.

Cuando terminaba de cosechar sus tierras, el señor Mabee ayudaba a los granjeros de varios kilómetros a la redonda. O, para ser más precisos, nos enviaba a nosotros a ayudarlos.

Al final de la jornada nos sentábamos en aquellos carros chirriantes y azuzábamos a los caballos exhaustos para que nos llevaran perezosamente de vuelta a casa. Terminamos por cogerles cariño y tratábamos de ser amables con ellos hasta donde era posible. El señor Mabee siempre les daba un poco de heno y de grano, pero en cuanto se metía en la casa nosotros les proporcionábamos una generosa ración extra. Podíamos oírlos masticar hasta bien entrada la noche. Por algún motivo, aquel sonido nos encantaba.

No teníamos una gran vida social en el campo. El característico esnobismo estadounidense era allí particularmente evidente. En una de las granjas había una muchacha de nuestra edad de la que casi llegamos a hacernos amigos, pero su horrorizada madre no tardó mucho en poner fin a aquellos conatos de amabilidad natural. «Aléjate de esos vagabundos», ordenó. Y la hija acató la orden.

Tampoco nosotros tardamos en abandonar a nuestro empleador. Nos pagó veinticuatro dólares a cada uno y ni siquiera se molestó en gruñir a modo de despedida. En cuanto a su agotada esposa, ni tan sólo se asomó a la puerta cuando nos alejamos por el camino en dirección a las vías del tren.

Yo, que siempre fui demasiado sentimental para convertirme en un buen vagabundo o en un buen hombre de negocios, sentía lástima por aquellos caballos decrépitos a los que estábamos abandonando. Y a Bill le pasaba lo mismo. Aquellos pobres caballos, atados a sus arreos infames, estaban perdiendo en aquellos momentos a los mejores amigos que habían tenido jamás. El animal humano siente siempre la necesidad de volcar su afecto en algo o en alguien, y nosotros habíamos pasado muchas horas en compañía de aquellas pobres bestias.

Los siguientes días, que pasamos en San Luis, fueron muy agitados. No tardamos en gastar casi todo el dinero que habíamos ganado trabajando durante dos semanas. Cuando nos quedaban apenas unos cuantos dólares decidimos volver a viajar, y lo hicimos sin remordimiento.

Abandonamos San Luis en un tren de carga con dos tipos que se echaban al camino por primera vez.

Los cuatro estábamos medio borrachos. Puede que nuestros dos compañeros no tuvieran ni un centavo, pero llevaban dos cuartos de licor que habían comprado con lo último que les quedaba.

Viajábamos en un vagón de carbón vacío. Sobre el suelo había un montón de papeles sobre los que una pesada rueda había dejado una forma parecida a la de una hamaca.

El alcohol nos puso un poco sentimentales, así que nos sentamos y nos pusimos a cantar todas las canciones que nos sabíamos. Un guardafrenos que atravesaba el tren se detuvo en nuestro vagón y se sentó con nosotros. Resultó que había sido una especie de vagabundo, o un ferroviario itinerante. Por su manera de hablar de la vida errante se adivinaba que había nacido poco después de la Guerra Civil. Después de tomarse un trago con nosotros continuó su camino a través del tren, pero aquel vagón parecía atraerlo, así que volvió varias veces.

Cuando el tren se iba acercando a B…, un cruce de vías, el guardafrenos nos avisó de que aquella ciudad era «territorio hostil».

—Toda la región se ha puesto difícil desde que descubrieron a unos tipos apaleados y esposados a unos árboles en C… Lo mejor es que os bajéis del tren antes de que entre al depósito y después os acerquéis a pie. Los bastardos no empiezan a patrullar hasta las ocho, así que tenéis tiempo de llegar, comer algo y llegar a la otra vía antes de esa hora.

Saltamos del tren cuando el silbato anunció su llegada al depósito. Todavía iba bastante rápido. Bill y yo saltamos primero y corrimos tanto como pudimos para evitar caernos. Los otros dos buscavidas saltaron de golpe desde el vagón y rodaron por el terraplén. Los ayudamos a limpiarse el polvo de la ropa y el pelo.

Caminamos hasta el restaurante de la estación.

—Éste no es lugar para vagabundos —dijo el camarero—. El guardia de la estación sería capaz de encerrar a su propia madre si la viera vagabundeando por el depósito. Es un asqueroso irlandés con un acento más cerrado que la bóveda de un banco. Por suerte casi nunca viene tan temprano. Os da tiempo a zampar y largaros antes de que llegue.

La comida nos costó los pocos centavos que nos quedaban y a continuación los cuatro atravesamos el depósito caminando junto a las vías.

No habíamos recorrido un gran trecho cuando vimos a un hombre salir entre un par de vagones. La luna se alzaba en el horizonte. Su luz era aún muy débil y la tierra estaba cubierta en una oscuridad casi absoluta. Había unos semáforos con luces verdes y rojas que hacían refulgir las vías.

—¿A dónde vais? —preguntó el guardia mientras nos iluminaba la cara con una linterna.

—A Chicago, señor, a ver a mi padre —mentí a toda prisa—. Está enfermo en el hospital y yo he estado ayudando en la cosecha para poder mandarle algo de dinero.

El guardia me registró. Una porra le colgaba del cinturón. Bill dio un paso al frente y se sumó a mi historia: había estado trabajando conmigo y ahora me estaba ayudando a volver a casa.

—Ajá —gruñó el hombre y se volvió hacia los otros dos—: ¿y vosotros de dónde salisteis?

Contestaron con voz vacilante. Fueron más honestos que nosotros, pero el guardia tampoco se creyó lo que le contaron.

—Venid conmigo —dijo—. Ya le contaréis vuestras historias al juez por la mañana.

Hizo que nos pusiéramos dos a cada lado y seguimos caminando junto a las vías.

No podíamos hablar entre nosotros, pero Bill y yo llegamos rápidamente a la misma conclusión: nos dimos cuenta de que el guardia no tenía pistola ni esposas, de otro modo ya las habría utilizado, al menos para amedrentarnos. Tratando de parecer simpático, y con toda la intención, Bill le dijo:

—Qué pronto empieza su turno, ¿no?

—Eso no es asunto tuyo. Al menos lo he empezado suficientemente temprano como para agarraros a vosotros.

Bill se adelantó un par de pasos con respecto al guardia y yo me retrasé tres o cuatro.

«Si tiene una pistola —pensé— es capaz de dispararme si me echo a correr; eso sería mucho peor que acabar en la cárcel.»

La luna estaba cada vez más alto y las vías brillaban aún más que antes.

Una locomotora se acercaba chirriando desde el otro lado del depósito seguida de otra que arrastraba una serie de góndolas llenas de cuerdas y restos de un barco.

—¿Ha habido un naufragio? —preguntó Bill.

—Cállate la boca, maldito papagayo; habla con tus iguales.

—¿Es que no somos iguales? —replicó Bill. Fue una contestación desafortunada: por toda respuesta, el guardia le dio un porrazo.

Bill estuvo a punto de responder, pero se contuvo. Me alegré de que lo hiciera porque nos encontrábamos a menos de cien kilómetros de donde habíamos tenido el encontronazo con el otro guardia. Si nos cogían nada nos salvaría de pasar una temporada en la cárcel o al menos en el reformatorio de Pontiac. Bill debió de pensarlo también. Fue una suerte para el guardia, porque los jóvenes vagabundos suelen ser despiadados e implacables cuando pelean: tienen más iniciativa y más energía que los vagabundos viejos y son capaces de luchar con más fuerza por su libertad.

Seguimos caminando junto al vigilante, cuyos pensamientos parecían estar enredados en un tema desagradable.

—Vais a acabar en Pontiac. Al juez no le gusta la gente como vosotros: acabaréis entre rejas. Si no os encierra soy capaz de dimitir. Sois lo peor de este país; no hacéis más que gorronear a la gente honrada, robarles el dinero, subir a los trenes sin pagar y quemar graneros…

Siguió hablando sin parar.

Un camino amarillo cruzaba las vías. El maíz susurraba en los campos mecido por la brisa.

«¿Dónde diablos nos estará llevando este tipo? —pensé, y a continuación—: Tengo que intentar escapar.» De pronto oí un grito: «¡Corred, chicos, corred!» Era Bill. Se dio la vuelta a toda velocidad, me tiró del brazo y un segundo después ya estábamos corriendo los dos carretera abajo.

El guardia se quedó inmóvil en medio de la carretera, gimiendo como sólo puede hacerlo alguien cuyo orgullo profesional ha quedado reducido a nada.

—¡Volved aquí, vagos del demonio! —gritó.

Luego de correr unos cien metros, Bill me dijo:

—Eh, pelirrojo, metámonos en el maizal.

Después de un rato nos arriesgamos a volver andando hasta el lugar donde había empezado la persecución. No había nadie.

—Los otros dos debieron de correr en dirección contraria y el guardia habrá pensado que sería más fácil alcanzarlos —susurré.

—Si lo intenta le darán una paliza: no son tan tontos como para no haberse dado cuenta de que no va armado.

—Me pregunto si de verdad se creía que íbamos a seguirlo como corderitos hasta la puerta de la cárcel —dije entre risas.

—Pues estaba apañado. ¿En qué pensabas mientras caminábamos con él? —preguntó Bill.

—Supongo que en lo mismo que tú: rezaba para que se me ocurriera una forma de escapar.

—Cuando me dio con la porra estuve a punto de romperle la cara, pero luego lo pensé mejor: no quiero regresar a Pontiac —dijo Bill.

—Yo lo habría machacado antes que dejarme llevar al trullo, ¿tú no? —susurré.

—Ya lo creo que sí, y de mala manera —respondió Bill. De pronto oímos unas pisadas y unos perros empezaron a ladrar—. Creo que se detuvo —susurró Bill.

Vimos a un hombre de pie junto a las vías mirando a un lado y a otro. Los perros dejaron de ladrar y la brisa dejó de soplar sobre el maíz. Todo quedó en silencio.

—Es ese hijo de puta —susurré.

—Chitón —respondió Bill entre dientes.

El hombre aguardó unos instantes y a continuación dijo en voz alta: «Que se vayan al infierno» y se alejó lentamente en dirección al pueblo.

VIII

LA HISTORIA DE BILL

Las nubes se arremolinaron en el este y empezaron a ascender por el firmamento. Al principio no eran más que puntos blancos y azules, piezas de un puzzle cuyo resultado final sería la imagen misma de la maravilla, pero el más grande se rompió al llegar a la luna y desplegó sobre ella un velo de niebla azul y gris. A continuación fue como si la luna y las estrellas se alejaran rápidamente de las nubes hasta que una enorme montaña de vapor oscuro apareció por el oeste y se extendió como un océano de tinta inundando el cielo.

La tierra quedó sumida en la oscuridad, pero pronto una pequeña grieta se abrió en el este y dejó ver la luz de una estrella solitaria. Un viento raudo cruzó el campo de maíz y las hojas crujieron como si todo un ejército lo estuviera cruzando. Otra ráfaga de viento sucedió a la primera y silbó sobre las vías como si atravesara un granero vacío.

La grieta se cerró ocultando de nuevo la estrella solitaria. Las nubes se dispersaron, pero luego se volvieron a fundir. El sonido de un trueno hizo temblar la tierra y un relámpago iluminó el horizonte.

—Será mejor que busquemos refugio. Sigamos las vías —sugerí.

—No —dijo Bill—, acortaremos por el campo: no me gusta caminar junto a las vías en medio de una tormenta. El acero atrae los rayos. Una vez vi un mendigo muerto al que le había caído un rayo. Estaba más negro que el bombín de un judío. Le cayó en la mano y le salió por los pies. Le quemó toda la ropa.

Caminamos a través del campo a unos cien metros de las vías. Las largas ráfagas de viento se sucedían unas a otras y pronto comenzaron a caer las primeras gotas. De pronto vimos un haz de luz deslizarse sobre una valla a una velocidad vertiginosa.

—Ha caído en la valla de alambre —dijo Bill—, menos mal que nos hemos alejado de ahí. Llegamos al límite del maizal y a unos cien metros vimos una montaña de paja—. Resguardémonos ahí —sugirió Bill.

Corrimos hacia la paja entre relámpagos y truenos y nos las arreglamos para hacernos un refugio y resguardarnos del diluvio que empezaba a caer sobre el campo.

Dormimos profundamente.

Al amanecer el cielo ya se había aclarado. La luz del sol hacía brillar las gotas de agua sobre la paja.

Un gallo negro picoteaba el suelo cerca de una casa que quedaba a poca distancia, y tras él unas cuantas gallinas revolvían los restos de su labor.

—Ya sé lo que vamos a comer —dijo Bill riéndose—. Vamos, arriba.

Mientras caminábamos hacia la casa vimos a lo lejos un enorme edificio de ladrillo con techo de pizarra y numerosos pararrayos. Rodeando a aquel gran edificio había otros muchos más pequeños.

—Dios, es igual que Pontiac, pero gracias a Dios no es —murmuró Bill mientras entrábamos en el patio de la casa.

Un viejo bulldog se acercó a nosotros. Gruñó hasta que le acaricié la cabeza, un gesto que devolvió la paz al instante. Seguimos al perro hasta la puerta de la cocina.

Una gruesa alemana abrió cuando llamamos y sin dudar un momento se hizo a un lado y nos invitó a pasar.

Sentado a la mesa de la cocina había un fornido hombre calvo de barba roja y sin bigote. En ningún momento pareció incómodo ante la llegada de un par de vagabundos y se terminó de beber el café. Su dedo meñique se alzaba desde la taza como un tronco en un estanque que acabaran de drenar.

Ni el hombre ni la mujer eran muy locuaces. Cuando el

tipo habló por fin, de su gruesa garganta brotaron unos sonidos guturales e inarticulados.

El viejo bulldog atravesó la puerta por una rejilla metálica y se acercó patosamente hasta su dueño. El hombre le rascó la cabeza mientras el perro permanecía tan inmóvil como una estatua. Cuando retiró la mano, el perro lo miró suplicante; al notarlo el granjero volvió a rascarle la cabeza.

Fuimos nosotros quienes llevamos la mayor parte de la conversación y ellos nos escucharon atentamente.

—¿Qué es eso de ahí? —preguntó Bill señalando el edificio de ladrillo.

—La casa de los pobres —respondió la mujer.

—Pensé que era un reformatorio —replicó Bill.

—No, qué va —gruñó el granjero.

—Y vosotros, muchachos, no os habréis escapado del reformatorio, ¿verdad? —preguntó la mujer.

—No —respondió Bill— y bien orgulloso que estoy.

—El mes pasado se escaparon dos chicos y un hombre que los vio por ahí avisó a la policía. Le pagaron treinta dólares y a los chicos les han caído unos años más —dijo la mujer negando con la cabeza—. La gente es capaz de hacer cualquier cosa por dinero.

—Ya lo creo que sí —comentó Bill—. Sé de un granjero que acogió en su casa a un chico que se había escapado del reformatorio; lo dejó descansar en la mejor cama de la casa y, cuando estaba en el séptimo sueño, se fue a la ciudad a avisar a la poli. Lo sé porque el chico era yo. —El granjero y su mujer afirmaron con la cabeza como si todos los días tuvieran a la mesa a unos vagabundos entreteniéndoles y contándoles historias de convictos—. Fue bastante divertido, la verdad —dijo Bill riéndose—. El tipo era tan asquerosamente amable que me hizo sospechar. Me desperté de pronto con una sensación de miedo, me puse mis cuatro trapos encima, salí por la puerta principal y me subí a un manzano para observarlo todo. Sabía que no podía llegar muy lejos, de modo que me arriesgué a lo grande. No pasó mucho tiempo antes de que el granjero regresara en coche seguido de una furgoneta en la que iban dos tipos. Pude oírlos mientras rebuscaban en el dormitorio. Después de un rato la puerta principal volvió a abrirse y salió la esposa seguida por uno de los hombres. A la luz de la puerta reconocí al sheriff: ya lo había visto en Pontiac. Se dio la vuelta irritado y le dijo al granjero: «¿Por qué no se llevó al chico a la ciudad? Ahí lo habríamos pillado. Ahora va a ser como buscar una aguja en un pajar. Algunos de estos jóvenes vagabundos son mala gente. Cuando se dé cuenta de que lo ha entregado es muy capaz de quemarle la casa. Con éstos nunca se sabe».

»Estuve a punto de reírme a carcajadas al ver a aquel granjero tan asustado como un niño al que acaban de pillar robando caramelos. "¿Hacia dónde cree que fue?", preguntó el granjero. "No tengo ni idea", respondió el Sheriff. "Ni siquiera sabía que se había escapado de Pontiac, mucho menos que había estado aquí durmiendo toda la noche. El caso es que esperó a que usted se fuera a la ciudad como un bobo y aquí estamos: un puñado de imbéciles a los que ha engañado un muchacho de quince años".

»Justo en ese momento una manzana cayó del árbol y le dio al Sheriff en la cabeza. "¿Pero qué demonios? ¡Ese chico nos está tirando manzanas!". En ese momento casi me caigo del árbol. Un estúpido pájaro se asustó y empezó a piar como un loco porque pensaba que quería robarle los huevos. Me sentí como un ladrón que abre una caja fuerte y se encuentra a un enano apuntándole con una pistola. Al final los cuatro entraron en la casa. Pensé en bajar del manzano y largarme, pero justo en ese momento volvieron a salir al patio. El sheriff y el otro tipo se subieron a la furgoneta y se marcharon. El granjero volvió a entrar en la casa y enseguida se apagaron las luces. Yo oía una voz dentro de mí que me decía: "Muchacho, estate tranquilo; no caigas en la trampa", así que me mantuve inmóvil, oyendo cómo aquél pájaro hablaba solo en el nido. Porque también los pájaros hablan en sueños, igual que las personas.

»Al cabo apareció un tipo caminando por la carretera. Lo vi rodear la casa y el granero. Cualquiera podría haberme cazado. Estaba tan nervioso que por poco me caigo del árbol de tanto temblar. El hombre caminó hasta la puerta principal de la casa y se detuvo bajo el árbol un buen rato. Yo seguía preocupado por el pájaro, pero éste se limitó a hablar en voz baja con sus huevos. El tipo volvió por donde había venido. Yo estaba a punto de saltar del árbol y salir corriendo en dirección contraria, pero me dio miedo que regresara.

»En medio de todo eso me adormilé y soñé que estaba en el reformatorio. Recordé la comida asquerosa, los chismes, a los malvados guardias. Sentí que me caía, me desperté y asusté al pájaro. El tipo estaba parado en la carretera. Decidí que en cuanto se alejara un poco bajaría del árbol, porque si amanecía tendría que quedarme allí subido el día entero. Volvió a encaminarse y yo salté y corrí rodeando la casa hasta la parte de atrás del granero. Me escondí tras una enorme montaña de estiércol e intenté orientarme. Al poco rato escuché cómo un camión se acercaba al granero y se detenía, de modo que cavé un agujero en la montaña de estiércol y me metí dentro, igual que hicimos la otra noche en la de paja. Casi me ahogo del olor a amoníaco. El sheriff y su ayudante se detuvieron junto a la montaña de estiércol y oí a uno de ellos decir: "Lo más probable es que el chico no haya ido muy lejos. Tengo la sensación de que está aquí, cerca del granero". "Sí", replicó el otro. "Pero también es capaz de haberse ido corriendo y estar ahora a quince kilómetros de distancia". "Puede ser", volvió a decir el primero, "esos demonios son más difíciles de cazar que los pájaros".

»Ya no podía soportar el olor a amoníaco del estiércol, de modo que abrí un agujero para poder respirar. No dejaba de culparme por haber confiado en aquel granjero, pero en alguien tenía que confiar: si me hubiesen pillado robando me habrían caído todavía más años. Me amodorré y debí quedarme dormido un par de horas. Cuando desperté no sabía si los tipos seguían allí, pero pensé: "Al diablo con ellos" y salí corriendo por los campos hasta que llegué a un pajar en el que me escondí. Dormí hasta el mediodía del día siguiente. Me desperté tan hambriento que mi estómago debió pensar que me habían cortado la garganta. Me desperecé y me puse de nuevo en marcha. Cuando vi a un tipo que parecía estar plantando maíz, decidí que si alguien tenía que ganar quince dólares por entregarme a la policía sería él.

»Cuando me acerqué y le vi la cara sentí un cosquilleo porque me di cuenta de que no era un granjero, sino un viejo vagabundo borrachín. Tenía un ojo morado, la nariz rota y le faltaba un dedo meñique. Sin duda era un vagabundo, así que fui directo a él, le conté mi historia y le contesté que tenía más hambre que un limosnero en Texas. Todavía puedo ver al viejo riéndose y diciendo: "No, muchacho. No se puede tener tanta hambre".

»El vagabundo me contó que había oído a mucha gente comentar cómo le había impedido al granjero ganarse sus quince dólares. Me dijo: "Mira muchacho. Iré ahí dentro a comer algo. No me dejan comer en la casa, pero ahora me alegro de que sea así. Espérame aquí y te traeré un montón de comida y una taza de café. Después podrás esconderte en el pajar y esperar ahí hasta la noche. Te llevaré más comida y café cuando esté oscuro. Todavía me falta por cobrar la paga de un día, le pediré un dólar al capataz y te lo daré".

»Me escondí junto a una valla hasta que regresó. Me trajo comida y tres revistas. Cuando terminé de comer volví a esconderme en el pajar y me puse a leer. Eran revistas de granjeros, pero me leí hasta la última palabra sobre cómo criar cerdos, y vacas y gallinas. Aquella noche el viejo vino de nuevo con más comida y el dólar, y me largué a las diez de la noche, cuando se echó a descansar. Hice treinta kilómetros antes de que amaneciera, pero me agarraron en Chicago y me llevaron de vuelta. Eso sí, no permití que aquel tipo se ganara quince dólares por entregarme.

El fornido granjero se levantó cuando Bill acabó su historia y se acercó a la ventana con las manos en los bolsillos del mono.

—¿Estuviste mucho tiempo encerrado? —le preguntó finalmente.

—Unos cinco años —contestó Bill.

A esas alturas Bill tenía cara de cansancio. Respondió aquella pregunta con los ojos entornados.

La mujer se había puesto a preparar unos sándwiches.

—¿Y aprendiste algo? —preguntó el granjero.

—Más que nada aprendí a convertirme en un ladrón y otras muchas cosas que ni siquiera creería si se las contara. No había ni un solo tipo amable en ese agujero. Muchos ladrones aprenden a serlo en los reformatorios, créame.

Minutos más tarde nos despedimos agradecidos de aquella amable pareja y, con los sándwiches envueltos en la mano, continuamos nuestro camino.

IX
MENUDO LÍO

No corría la brisa sobre la pradera y en el cielo no había ni una sola nube. Los insectos zumbaban perezosamente sobre la carretera y los saltamontes se quedaban inmóviles durante largos ratos. Una enorme mariposa de pintas marrones y blancas vino volando desde las vías e intentó posarse sobre mi cabeza.

—Hoy va a hacer un calor infernal —le aseguré a Bill—. Cuando todo está tan quieto por la mañana es señal de que va a hacer calor.

Caminamos unos cuantos kilómetros hasta que, en las cercanías de un pueblecito, vimos un tren de carga detenido en una vía lateral. No tenía más de diez vagones y la pesada locomotora tosía como un caballo exhausto cuando llega al otro extremo de un surco muy largo. De la chimenea salían pequeñas volutas de humo que se curvaban en el aire como nubes perdidas que intentaran regresar al cielo a toda prisa. La tripulación del tren estaba holgazaneando entre las vías y ni siquiera hicieron el amago de saludarnos.

Había algunos hombres trabajando en un campo y el ruido de una agavilladora se abrió paso en el aire quieto. Llegaba desde el otro lado del campo. Era un sonido chasqueante y débil como los últimos golpes de un martillo a un raíl de acero. Resonó durante unos momentos, seguido del repicar de las campanas de una iglesia; después todo volvió a sumirse en el silencio.

Pero, de pronto, un rumor vino a romper la paz del campo; algo parecido al resonar de un trueno en un lugar lejano. Fue creciendo poco a poco, volviéndose más nítido, hasta que se convirtió en un potente ronroneo. El silbato de una locomotora partió el aire en dos y el suelo empezó a temblar. Unas cuantas perdices volaron atemorizadas desde la esquina de una cerca.

Una nube de polvo fue alzándose a lo largo de toda la vía y un tren correo pasó a toda velocidad hacia Chicago.

—¡Va como alma que lleva el diablo! Ojalá fuera yo en ese tren: llegaría a Chicago en un segundo —dijo Bill. El tren de carga se movió lentamente en la vía lateral—. Este lugar no es un buen escondite: el tren es demasiado pequeño y el paisaje demasiado plano. Lo único que podemos hacer es probar a subirnos y hacernos pasar por gente común y corriente.

Un momento después ya estábamos a bordo del tren, pero la alegría no duró mucho. Habíamos esperado en la intersección de las vías con la carretera y cuando pasó el furgón de cola nos subimos a toda prisa, pero bien pronto vimos asomarse al guardafrenos, que nos mostró un puño amenazador.

Nos dedicamos a vagar por la ciudad para olvidarnos de aquel tren y de sus violentos tripulantes.

—Dios, es como si hubiese pasado un año entero desde ayer por la noche. Me pregunto cómo se sentirá aquel maldito guardia del que nos escapamos. Te habrás dado cuenta de que apenas hay vagabundos por aquí: eso es siempre una mala señal. Esta región es muy dura, tenemos que andar con cuidado. Aunque también puede ser que muchos buscavidas estén ahora trabajando en la cosecha —opinó Bill.

—Yo creo que ahí es dónde deberíamos estar también nosotros, Bill. Me gustaría pasar un par de meses entre Dakota del Norte y del Sur, ¿por qué no vienes conmigo?

—Lo siento, hermano, por mi parte ya he viajado para todo el año. Todo lo que intentamos nos sale mal. Puede que dé un par de vueltas entre Chicago y Cincinnati, o quizá vaya a Cleveland, pero eso es todo.

Seguimos deambulando por las calles de la ciudad durante un rato y luego regresamos a las vías. Nos detuvimos en una pequeña colina. El campo se extendía a lo lejos como un inmenso tablero de ajedrez con cuadrados verdes y amarillos. No había ni un solo árbol. Las plantas de maíz soportaban el calor erguidas como árboles muertos en medio de un bosque.

A dos kilómetros de la ciudad, un tren con varios vagones languidecía en una vía lateral. Echamos un vistazo hacia atrás, en dirección al depósito.

—Me pregunto si no será el mismo tren; Dios, espero que no —suspiró Bill mientras caminábamos en dirección al tren detenido.

—Seguro que es el mismo —respondí yo—. Parece que aún no les han dado vía libre.

Seguimos andando hacia el tren, pero Bill se detuvo de pronto.

—No tiene sentido. En este llano se podría ver de lejos hasta a un ratón. Si vamos directamente estarán esperándonos, mejor crucemos el maizal e intentémoslo cuando arranque.

Entramos en el campo, caminamos un poco más hacia el tren y esperamos. Un tren rápido pasó a toda velocidad camino de San Luis.

Nos escondimos en la orilla del campo hasta que nuestro tren empezó a moverse. Dejamos pasar la locomotora y unos cuantos vagones y entonces corrimos junto a un vagón de carga abierto. Saltamos por la puerta cuando el tren ya cogía velocidad.

Dentro y a salvo, echamos una ojeada a través de la puerta en dirección al vagón de cola. Vimos cómo asomaba por la ventana la cabeza de un hombre.

—Te apuesto lo que quieras a que ese tipo nos ha visto —dije yo.

—Tal vez no, pelirrojo; confiemos en que sea ciego. Por cierto, démosle un bocado a esto.

Nos comimos los sándwiches que nos había preparado la mujer y luego nos pusimos cómodos y colgamos nuestras chaquetas y sombreros de unos clavos. Cerramos una de las puertas para poder apoyar la espalda y contemplamos el paisaje a través de la puerta del otro lado.

De pronto oímos sobre el techo un estruendo de pisadas. La puerta se cerró de golpe y un martillo empezó a golpear. Nos pusimos en pie al instante.

—¡Están sellando la puerta con clavos! —gritó Bill mientras nos precipitábamos hacia la puerta para intentar abrirla antes de que estuviera clavada del todo. Se abrió con un ruido chirriante. Los que estaban en el techo del tren se hallaban en desventaja: no se atrevían a asomar demasiado la cabeza por miedo a que el tren se sacudiera y los hiciera caer.

El del martillo estaba furioso porque su intento de clavar la puerta había fracasado, así que nos arrojó violentamente la herramienta, que golpeó a Bill en el hombro y cayó al suelo.

—¡Cógela! —gritó Bill.

Yo cogí el martillo y le asesté un golpe tremendo a un brazo que asomaba del techo. Se escucharon unos pasos apresurados. El tren frenó violentamente y caímos al suelo. Nos pusimos en pie como pudimos y saltamos por la puerta. La tripulación entera nos estaba esperando fuera.

Le pegué un puñetazo en plena barriga al gordo maquinista, que cayó al suelo boqueando como un pez fuera del agua. El guardafrenos sacó una porra y trató de darme en la cabeza, pero falló y el impulso lo hizo caer también. El cobrador me agarró del brazo, pero sacudí el martillo de lado a lado y conseguí zafarme. Bill le pegó un tremendo puñetazo en el ojo. El guardafrenos no parecía tener mucha prisa por levantarse. El gordo maquinista se sentó en el suelo como si buscara una solución más pacífica. De un vistazo comprobé que el cobrador seguía tirado y se tapaba la cara con las manos.

Otros dos guardafrenos y el fogonero dudaron un momento, como quien no sabe si atacar o replegarse. Bill me quitó el martillo de la mano y se acercó furiosamente al cobarde guardafrenos que estaba tirado en el suelo.

—Dame la porra o te rompo la cara —gritó.

El hombre le tendió la porra como si Bill fuera el cobrador del tren. Bill me devolvió el martillo.

Blandiendo el martillo y la porra como espadas en una batalla nos lanzamos sobre el resto de los tipos. Sólo el fogonero nos plantó cara, y Bill se fue directo a él pese a que tenía una barra de metal en la mano y la clara intención de romperle la cabeza a alguno de nosotros. Los ojos se le abrieron como platos cuando Bill esquivó el golpe y le dio un porrazo en plena nariz. Brotó la sangre y el tipo cayó al suelo gimiendo.

Corrimos hasta la cola del tren, cruzamos al otro lado de las vías y atravesamos el maizal avanzando en paralelo a los vagones en dirección a la locomotora.

—Metámonos bajo los carros —dijo Bill de pronto—: jamás pensarán que tenemos tanta sangre fría como para volver a montarnos en el tren y nunca se les ocurrirá mirar debajo de los vagones.

Regresamos de nuevo hasta el tren y segundos más tarde ya estábamos colgando de una de las barras que había bajo los vagones.

El maquinista, el fogonero y un guardafrenos pasaron tan cerca de nosotros cuando se dirigían de vuelta hacia la locomotora que si hubiesen estirado una mano nos habrían podido tocar.

El maquinista iba diciendo:

—No sé por qué me meto en estos líos. Ni soy imbécil ni me pagan lo bastante como para que me deje patear el culo. Malditos críos.

—¿Has visto cómo peleaba el rubio? ¡Joder! Me dio en toda la nariz con la porra —dijo el fogonero.

—Cuando lleguemos a G... esos delincuentes van a tener a la poli detrás, no tardarán en pillarlos.

Las voces se fueron apagando y nosotros seguimos agarrados a las barras de hierro mirando las vías que quedaban debajo.

A los pocos minutos la locomotora dio dos pitidos largos y agudos: la señal de que estaba a punto de partir, y al instante se puso en marcha. Las ruedas giraban monótonamente; de cuando en cuando nos golpeaba en la cara alguna piedrecilla.

El tren hizo una parada en G…, donde cambió de vía.

—Ojalá tuviera mi chaqueta —suspiré.

—Sí, ya lo creo —replicó Bill.

Nos las habíamos dejado colgando del clavo en el vagón.

Agarrotados y doloridos abandonamos el tren en J…, cuando ya anochecía sobre la tierra.

X

NUESTROS CAMINOS
SE SEPARAN

—Es tarde para salir a gorronear comida, la gente ha cenado ya —exclamó Bill—. ¿Cuánto dinero te queda, socio?

—Veinte centavos.

—Bien, dame diez. Busquemos una taberna en la que nos den de comer gratis —sugirió.

Encontramos un lugar a unas manzanas del depósito. Frente a la barra, en la que se alineaba una gran fila de vasos de cerveza llenos y medio llenos, se agolpaba una multitud obreros. Bill pidió un par de cervezas con sus últimos diez centavos. Si no hubiese sido la ley del camino igualmente habría sido la ley de Bill: gastarlo todo hasta el final.

—Tengo otros diez centavos, Bill. Compartamos una más —dije yo.

—No, al diablo. Pediremos otras dos. Para ser un hombre de verdad hay que gastar hasta el último centavo.

—Ven conmigo —le pedí.

—Pediré dinero hasta que tenga suficiente para llegar a Chicago en tranvía. Está a sólo cuarenta kilómetros de aquí.

Caminamos juntos hacia el depósito donde yo iba a subirme a un tren de carga con destino a Davenport y, desde allí, a las plantaciones de trigo.

Teníamos un aspecto de lo más particular. Yo iba sin sombrero, sin chaqueta y con un enorme desgarrón en la parte de atrás de la camisa; Bill llevaba los zapatos atados con trozos de cable, tenía los pantalones rotos en las rodillas y tampoco llevaba chaqueta, pero nos traía sin cuidado. Cantábamos una tonada de vagabundos:

Para qué angustiarse por el futuro,
puede que no llegue jamás;
para qué buscarse más problemas
cuando errando estás.

Un mendigo preocupado
no quiso perder el tren,
lo atropelló con tanta fuerza
que no lo perdió otra vez.

Llegamos cantando hasta el límite del depósito del tren y esperamos a que pasara el que iba a Davenport.

Llegó al fin, me despedí apresuradamente de Bill y subí a bordo.

—Te veo en Chicago dentro de un par de meses —le grité.

—Cuenta con ello, muchacho. Pórtate bien. Y ten cuidado con los guardias de Marion, la última vez que los vi eran bastante peligrosos.

—Lo tendré; hasta pronto, viejo amigo.

El tren se curvó como una gigantesca serpiente oscura y luego volvió a enderezarse para entrar en la vía principal.

Mientras traqueteaba sobre las vías y hacía sonar el silbato para avisar de su llegada al cruce yo me quedé entre dos vagones, sobre un parachoques, pensando en muchas cosas.

De cuando en cuando me adormilaba un poco y se me cerraban los ojos, así que me agarré a la palanca de freno hasta que me dolió la muñeca y se me incrustaron en las palmas trozos de herrumbre. El ruidoso tren iba a toda velocidad. El viento soplaba con tanta fuerza entre los vagones que estuvo a punto de arrancarme la camisa rota. Tenía el pelo completamente alborotado y lleno de ceniza.

Había oído que había vagabundos con experiencia capaces de dormir de pie entre dos vagones sellados de un tren correo. Yo lo dudaba, pero Bill me había dicho que lo había visto con sus propios ojos durante una noche espantosa en un tren de la Limited con rumbo a Cheyenne. El hombre estaba medio borracho y Bill no conseguía mantenerlo despierto ni a golpes.

—Lo mejor es que te bajes en la siguiente parada. Ya sólo faltan veinticinco kilómetros. Te vas a matar si te caes —le dijo Bill a aquel hombre.

—De acuerdo chico, saltaré en la siguiente parada —respondió el hombre con sus turbios ojos medio cerrados.

Al poco rato el tren dio un bandazo al tomar rápido una curva cerrada y a continuación chirrió como un animal herido. Bill agarró como pudo al hombre por la parte posterior del abrigo, a riesgo de caer él también. Pero al segundo siguiente el tipo había desaparecido y lo único que tenía Bill en la mano era el abrigo vacío.

Sentí que me dolían los músculos y por un instante me mareé un poco. Me dio miedo, pero el tren seguía su rumbo ajeno a los pensamientos de aquel muchacho mareado y aterido.

Llevaba un pesado cinturón de cuero varias tallas más grande de lo que me correspondía. Me lo desabroché y lo pasé alrededor de la palanca de freno. Después de aquello respiré con más calma y se me fue de la mente el recuerdo de aquel vagabundo desconocido; sin embargo, momentos después me vino un sudor frío que me empapó la frente y el cuerpo. El viento lo secaba al instante, pero yo sentía que me congelaba.

Después de cuatro o cinco horas llegué a Rock Island cruzando el Misisipi desde Davenport, Iowa.

En esa orilla del río hay tres ciudades: Rock Island, Moline y Davenport. El poderoso río desciende entre Illinois y Iowa como una manta de agua turbia y amarillenta de un kilómetro de ancho.

Estaba demasiado exhausto como para ir muy lejos en busca de refugio, de modo que decidí dormir hasta el día siguiente en un almacén de madera al aire libre, sobre unos tablones de pino. El olor a madera no era desagradable y me quedé dormido al instante, como un soldado agotado tras un largo día de marcha.

Me desperté al día siguiente, cuando los obreros trataban de mover un tablón. Abrí los ojos y vi a hombre vestido con un mandil de carpintero.

—Hola, muchacho, parece que hemos dormido al raso, ¿eh?

—Ya lo creo.

—¿Ni siquiera tienes sombrero?

—No, no tengo —dije peinándome con los dedos.

—Hay uno olvidado en la caseta de ahí —dijo el hombre—. No es gran cosa, pero es mejor que nada.

El hombre me llevó a la caseta y me dio un sombrero blanco que descolgó de un clavo que había en la pared. Me lo puse en la cabeza, se me hundió hasta las orejas y allí se quedó.

El hombre se rio de la escena.

—Mejor que nada —repitió.

—Sí —respondí—, gracias: es mejor que nada.

Al poco rato ya había salido del almacén y me encontraba en una calle lateral frente a la puerta trasera de una casa. No tuve mucha suerte para conseguir comida ni allí ni en las siguientes cuatro casas. Cuando llegué a la sexta una mujer me invitó a pasar a la cocina y me calentó los restos del desayuno familiar.

Llevaba puesto un vestido ajustado de percal abotonado de arriba abajo. Tenía la cara afilada y una mirada inquieta. Llevaba el pelo cubierto, pero unos rizos asomaban tras las orejas. Usaba un anillo de boda mucho más grande de lo que le correspondía a aquellos dedos flacos.

No paró de hablar ni un segundo mientras me preparaba la comida, y yo, que tendía a desconfiar de la gente, terminé por sentirme algo aturdido, aunque aquello no pareció preocupar en absoluto a la mujer. Se me daba bien escuchar y ella tenía muchos problemas. «Nunca dejo que nadie se vaya de mi casa sin darle algo —afirmó—. Yo también tengo un hermano vagabundo, ¿sabes? Si está vivo en alguna parte no me gustaría que la gente lo dejara marchar hambriento». Sentí lástima, aunque en ese momento también me alegré de que su hermano fuera un buscavidas. Me preparó algo para llevar mientras me terminaba de comer lo que quedaba en la mesa.

Se dio cuenta de que llevaba rota la camisa, fue a la habitación contigua y regresó con una, aunque dos o tres tallas más grande que la mía. Era negra, con rayas blancas: el tipo de prenda que casi nunca llevan los vagabundos, que suelen llevar camisas de satín negro que llaman «camisas de mil kilómetros» por la sencilla razón de que uno las puede llevar durante un viaje de cientos de kilómetros, y hasta semanas enteras, si la necesidad lo requiere.

Le di las gracias por la camisa y por el hatillo de comida que me había preparado y crucé el patio hasta la salida pensando en su hermano vagabundo.

Cerca del río conocí a otro buscavidas que tenía aspecto de acabar de salir de una pelea.

—¿Qué haces, hermano? —le pregunté.

—Me he venido a lavar un poco: le acabo de gorronear un poco de jabón y una toalla a una mujer que dice que su hermano es un vagabundo.

—Sé a quién te refieres: una flacucha que habla como un loro, ¿no? —dije yo.

—No, ésta se llama Jane y es más gorda que un vagón de tren —respondió el vagabundo.

—Parece que aquí todas las mujeres tienen un hermano que se dedica a vagar.

—¿Tú crees? El caso es que acabo de escapar de una pequeña trifulca en Clinton. Al parecer unos vagabundos habían atado a unos polis a unos árboles con sus propias esposas. Yo llegué tranquilamente al pueblo y aquel percance me pasó por encima como un tren de ganado. Ya había oído antes que en algunos estados habían linchado a vagabundos, pero en mi vida me había visto en una parecida: nos agarraron a cuatro y nos las hicieron pasar canutas. Yo me eché a correr, pero la gente del pueblo nos persiguió durante casi un kilómetro, aunque a mí me pareció que eran mil. Nos tiraron piedras y nos pegaron con látigos. Sólo podía ver las puntas de mis propios pies corriendo entre aquellos paletos. Un tipo me pegó una pedrada en la cabeza, ya ves, pero otro de los vagabundos se cayó al suelo y la multitud lo rodeó y le pegó una paliza de muerte. Al menos eso me salvó de que acabaran conmigo. Juraría que había allí unos doscientos tipos y al menos una docena de mujeres. Supongo que en algún lugar habrá algún vagabundo que se merezca esa tunda, pero yo no les había hecho nada a aquellas personas, ni siquiera sé quién esposó a aquellos polis.

El vagabundo tenía la cara completamente amoratada y gemía al caminar. Llevaba un abrigo viejo enredado en un brazo. Se había atado las mangas al codo. En el otro brazo podían verse numerosos moratones.

Lo acompañé hasta un lugar medianamente cubierto frente al agua amarilla y allí nos bañamos.

El cuerpo del vagabundo estaba cubierto de moratones negros y azules. Se le torcía el gesto al pasarse el jabón sobre la piel.

Después de bañarnos y vestirnos de nuevo nos sentamos en la orilla y vimos pasar lentamente un barco de pasajeros en dirección a Nueva Orleans.

—Hace cuatro años bajé en canoa por el río desde San Paul hasta Nueva Orleans. En mi vida lo he pasado mejor —me contó.

—¿Llevas mucho tiempo vagabundeando? —le pregunté.

—Toda la vida —fue su respuesta—: he estado ya en prácticamente todo el maldito mundo. Clavé los postes del circo Barnum por toda Europa, África, Asia y parte del infierno, y supongo que seguiré yendo de aquí para allá a no ser que me peguen dos o tres palizas como la del otro día. —Hubo un instante de silencio y a continuación preguntó—: ¿Y tú, muchacho? ¿Llevas mucho en la carretera?

—No mucho —respondí.

—¿Nunca has tenido un chulo? Tienes cara de pillo.

Ya hacía mucho que había oído hablar de los «chulos». En el vocabulario de los mendigos la palabra se refiere a un vagabundo que tiene como esclavo a un niño al que obliga a que lo acompañe y robe para él. También había oído hablar de los niños a los que llamaban «pillos», que se prestaban, intercambiaban e incluso vendían. Los chicos que acababan convirtiéndose en esclavos de los chulos eran los más débiles e indefensos. Bill me contó una vez el caso de un muchacho al que su chulo azotaba cada vez que lo desobedecía, y que estaba obligado a mendigar para él un dólar al día.

Los chulos utilizaban el miedo para tener a los chicos bajo control. Empleaban la misma psicología brutal y cruda que los proxenetas con las mujeres del bajo mundo. Los pillos los obedecían con una especie de sumisión canina. Puede que fuera porque no tenían nada más en la vida, o por alguna clase de cariño enfermizo, ya que provenían de los estratos más bajos, de la peor pobreza y degradación humanas.

Jamás me convertí en un pillo, pero años más tarde, entre gente educada, alguien pronunció de nuevo esa palabra y yo me estremecí como si hubiese oído a un obispo blasfemar a toda voz, o decir algo inteligente, para el caso.

Recordé lo que me había contado aquel joven vagabundo tuerto hacía tanto tiempo en St. Marys y le espeté al que tenía delante:

—No, pero hace poco le partí la cara a uno que intentó engañarme.

Lo dije sin más. El vagabundo me miró de reojo e hizo una mueca de dolor al mover su cuerpo amoratado.

—Tampoco pasa nada, a algunos chicos les gusta tener un chulo.

—¿Y qué es de los pillos cuando crecen? —pregunté.

—Muchas veces ellos mismos se convierten en chulos y reclutan a niños para que sean sus pillos —respondió.

Yo pensé en Bill y en tantos otros chicos como él. En cierta ocasión había escuchado a un vagabundo decir que quien vagabundea una vez ya nunca puede escapar de esa vida, y me pregunté si habría algunos que hubieran conseguido dejar de vagar definitivamente. Había leído en los libros sobre la compulsión del viaje y cómo esa compulsión era capaz de llevar a ciertas personas hasta los lugares más apartados de la tierra. A pesar de los sinsabores que había vivido en los últimos días yo seguía encontrando un encanto a la vida errante que no había encontrado en nada más. Pensé nebulosamente en cómo sería mi futuro, pero esa idea no tardó en desvanecerse y enseguida me ocuparon los problemas más inmediatos de esa jornada.

—¿Se consigue comida en Davenport? —le pregunté al vagabundo.

—Claro que sí —respondió—: hay un montón de forasteros y todos comparten lo que consiguen. Y junto al río tienes el distrito rojo. Las mujeres de allí dan de comer a todo el mundo y además adoran a los vagabundos pelirrojos como tú. A veces hasta les dan dinero. ¿Te gusta beber?

—Un poco —contesté—, cuando consigo algo.

—Búscate por ahí un par de borrachos y cuéntales alguna anécdota o recítales algún poema. Les gustan más esas cosas que a los ladrones el dinero.

—Sí, lo sé. A alguno me camelaré.

Di un lento paseo con el amoratado vagabundo por la orilla del río hasta llegar a un puente para peatones. Ahí nos separamos y yo salí disparado hacia la ribera de Davenport. El sol brillaba en todo su esplendor.

XI

UNA MUJER Y UN HOMBRE

Frente al río, en Davenport, se alzaba una escuálida hilera de casas de las que nadie salía ni entraba. Todas tenían las cortinas completamente echadas. En cada puerta había una plaquita con un nombre grabado y sobre ésta una mirilla cuadrada.

Me detuve frente a una casa cuya placa decía «Madame Lenore LeBrun». Dudé un momento, pero luego llamé al timbre. Resonó por toda la casa como una campana en una tumba. Me temblaron un poco las rodillas cuando la mirilla se abrió y oí una voz que decía:

—¿Qué desea?

—Algo de comer —respondí.

La puerta se abrió y entré.

Frente a mí, bajo la luz roja del recibidor, vi a una mujer gorda y flácida. Llevaba puesto un amplio vestido rojo que le cubría todo el cuerpo y un collar de perlas. Tenía la mano izquierda cubierta de anillos de diamante, los ojos hinchados y la piel de las sienes surcada de profundas arrugas. Su pelo estaba teñido de rubio y aquel color juvenil contrastaba de un modo extraño con su apariencia de mujer madura y disoluta.

—De modo que estás sin blanca, ¿eh?

—Así es, señora, estoy en la ruina.

—No me llames señora.

—De acuerdo.

—Estoy sola: ayer por la noche hubo una convención en la ciudad y todas las chicas están dormidas. ¿De dónde eres, muchacho?

—De Ohio.

—Un lugar fantástico para nacer. Lo malo es que no he

vuelto por allí desde hace mucho. Durante un tiempo dirigí un agujero en George Street, en Cincinnati. Los polis pedían demasiado, así que me largué.

Había un decantador con algo de brandy sobre una mesa elegante y muchos vasos alrededor, algunos con restos de licor. La mujer levantó uno de los vasos y vio la marca que había dejado sobre la mesa.

—A estas furcias les traen sin cuidado los muebles de los demás. Nunca te cases, muchacho: la mayoría de las chicas son pésimas amas de casa. ¿Quieres un trago?

—Claro —respondí. La mujer se sorprendió ante la rapidez de mi respuesta. Le tembló un poco la mano regordeta cuando me sirvió la bebida. Me la bebí como un político: de un trago. La mujer me observó con incredulidad.

—¿Cuándo aprendiste a beber de ese modo? —preguntó.

—No he tenido que aprender, me sale natural.

—No es mal talento para un vagabundo. ¿Por qué no trabajas?

El brandy se me subió un poco a la cabeza.

—¿Y tú? —se me ocurrió responder. Ella se me quedó mirando.

—Lo que me faltaba. Hay que ver el valor que tienen algunos. Yo me dedico a la profesión más antigua del mundo: soy una mujer de negocios —dijo guiñándome un ojo—. Me caes bien, muchacho, tómate otro trago. Me has impresionado con esa manera tuya de beber.

—Si sigo me voy a emborrachar —respondí agarrando el vaso y bebiéndomelo de golpe. La mujer me miró con la misma sorpresa que antes.

—Fantástico, aquí tenemos a un borrachín en potencia.

Volvió a sonar el timbre.

—Esa maldita cosa me pega un susto de muerte cada vez que suena… Parece el cencerro de una vaca extraviada —dijo la mujer. Echó un vistazo a la habitación deteniéndose unos instantes en unos retratos de mujeres desnudas con marcos dorados que colgaban de las paredes. Yo recogí el sombrero que había dejado sobre el diván de cuero.

—Oye, muchacho, aquí tienes dos dólares. Lárgate en cuanto abra la puerta.

Abrió la rendija e hizo un par de preguntas, al otro lado respondieron unas voces de hombre.

Abrió la puerta y yo salí a la calle.

El sol caía a plomo. Apenas se veía una onda en el agua del río, que semejaba un enorme cristal amarillo que se hubiera endurecido antes de quedar perfectamente liso.

Se abrió la puerta de una casa cercana y reconocí el sonido una pianola. Fui hasta el restaurante que quedaba en la esquina.

Apestaba a bistec y a cebolla. Había un camarero tomando los pedidos con gran rapidez y precisión.

—Una orden de b. con c. (bistec con cebolla), ¡ahora mismo! —Un hombre pidió huevos y una tostada y el camarero gritó—: Dos en una balsa, ¡con los ojos bien abiertos!

Después de comer di un paseo por el río hasta que encontré un lugar a la sombra desde el que se podía ver la ribera de Illinois. Dos arces y un olmo formaban una sombra triangular que se adentraba en el agua.

Se veía que otros vagabundos se habían refugiado antes en el mismo sitio, porque había algunos libros y viejas revistas en una caja bajo el olmo.

Intenté leer un poco, pero enseguida me entregué a una ensoñación provocada por el brandy… Viajaría hacia el Oeste y me haría millonario. Luego regresaría a Ohio y le enseñaría un par de cosas a la gente. Escribiría un libro. Iría a Chicago y dejaría la vida errante. Al diablo con la recolección de Dakota del Sur… Me acabé quedando dormido y soñé que había ganado un millón de dólares en Alaska y le encargaba a un negro que escribiera unos libros que luego aparecían con mi nombre.

Las hormigas estaban picándome, así que me desperté y me las sacudí de encima. Me di media vuelta y seguí durmiendo.

El sol se encontraba en la mitad de su trayectoria cuando me desperté por segunda vez. Mi cuerpo estaba sumido en una profunda languidez y me dolían todos los músculos. Tenía la frente empapada en sudor frío. Los tres árboles danzaban frente a mí como arbustos mágicos. El río se achicaba allí hasta alcanzar el tamaño de un pequeño arroyo, pero enseguida volvía a ensancharse hasta convertirse en un gran cuerpo de agua, tan ancho como el Forty-Acre Pond, el enorme lago cercano a St. Marys.

Un negro de aspecto cansado se había sentado bajo el olmo. Llevaba la camisa abierta, se había quitado el maltrecho sombrero y lo había dejado en el suelo. También se había quitado los zapatos, que había puesto junto al sombrero. Tenían un agujero tan grande que se podía ver a través de la suela. El hombre debía de tener unos cuarenta años y era muy negro. Tenía los ojos amarillos, grandes y líquidos de los perros callejeros.

Al verlo di un salto porque estaba más silencioso que una lápida negra.

—Te he estado viendo dormir, blanquito; roncas como un oso.

Me llevé la mano a la frente y le pregunté:

—¿Cuánto tiempo llevas aquí?

—Una hora y media —respondió.

—Tiempo suficiente para vaciarme los bolsillos, ¿eh? Estoy hecho polvo.

—No, hermano, yo no le vacío los bolsillos a nadie: cuando la gente está hecha polvo, Dough la respeta siempre; Dios lo sabe.

—Escucha, tengo un dólar y cuarenta centavos. Yo pago la comida y media pinta de bebida si tú vas a buscarlas —le ofrecí.

—No está mal, no he comido nada desde esta mañana —contestó el negro.

Dudé un momento.

—Pero volverás, ¿no es cierto? —y luego, sin esperar respuesta, añadí—: Me fío de ti.

Le di el dinero y él se puso enseguida los zapatos y se marchó a la ciudad sin decir nada.

Yo me quedé viendo el río hasta que la languidez me invadió de nuevo. Me olvidé del río, del negro y de todo y me quedé dormido otra vez.

Una mano me sacudió el hombro. El negro había abierto ya los paquetes. Había galletas y un poco de embutido extendidos sobre un papel de periódico que había puesto en el suelo.

—Come, blanquito —dijo el negro.

Nos comimos nuestro almuerzo mientras atardecía.

Una oscura neblina se extendió sobre el río y el cielo se tiñó de rojo. Una lancha de gasolina resopló en el río y poco a poco fue alejándose. Sus luces siguieron siendo visibles mucho después de que el sonido del motor dejara de oírse.

Nos rodeó una extraña quietud y permanecimos en silencio como si tuviésemos que obedecer una profunda ley natural. Al final fui yo quien rompió en silencio con la pregunta más habitual para un vagabundo:

—¿Y adónde te diriges, hermano?

—Rumbo al norte, hasta donde sea capaz de llegar —respondió el negro—. Sólo hace siete meses que salí de una cárcel del Sur. He estado preso quince años, desde los veintitrés. He cogido tanto algodón y construido tanta carretera como para tapar este viejo río.

—¿Y por qué te encerraron? —pregunté.

—No hice nada. Otro negro me cortó con una navaja y yo lo pinché de vuelta. Me metieron cinco años. El otro negro ni siquiera se murió. Cumplí mi condena y cuando me faltaban más o menos seis meses me mandaron a trabajar con un ricachón de por ahí. Al final le debía tanto dinero que trabajé diez años para nada. Cada vez que necesitaba un par de zapatos me los cobraba y me decía que tenía que trabajar para devolverle el dinero. Le pregunté si algún día me los iba a dar gratis y me respondió que la próxima vez que le hablara de ese modo iba a hacer que me lincharan.

A todos los negros de Georgia les pagan un dólar cada vez que entregan de vuelta a otro negro que se ha escapado. Yo lo sabía, pero en cierta ocasión me arriesgué y decidí bajar por el río agarrado a un tronco. Tenía un viejo bulldog, pero no me quedó más remedio que abandonarlo. Lloré como un niño agarrado a aquel tronco, y todavía lloro cuando pienso en el pobre *Moisés* corriendo y ladrando por la orilla detrás de mí.

»Descendí con la corriente durante un buen rato hasta que me encontré con un negro. Le conté mis problemas y él intentó entregarme para cobrar un dólar, pero te aseguro que eso no se lo permitiré nunca más a nadie, negro o no. A nadie. Ya no se puede confiar en los negros.

»Llegué a Memphis, conseguí un trabajo y estuve allí un par de meses cuando de pronto me encontré con un comerciante que solía venderle cosas a mi patrón en Georgia. Me dijo: "Eh, negro, como te pille tu patrón te aseguro que no te va a dejar que vuelvas a escaparte. Le dará de comer a los buitres tu carne negra. Lo mejor es que te largues de aquí". Yo me puse blanco del susto y me largué.

»Fui hasta Kentucky y allí conseguí otro trabajo, en la bolera Green. Me quedé cuatro meses. Le caí bien a mi patrón y me dejó ir a la escuela durante tres meses junto a un montón de niños. Se reían de mí y me llamaban negro, pero al menos aprendí a leer un poco. ¿Y a quién me encuentro entonces? Pues a ese comerciante otra vez, pero ahora me intenta emborrachar y luego me cuenta que le han ofrecido doscientos dólares si consigue llevarme de vuelta, porque soy un buen trabajador. Me asusté tanto que me largué de allí sin decir nada a nadie. Así que de momento sigo mi camino. Unos negros en Davenport me dijeron que nadie puede llevarte a ninguna parte sin una autorización del gobierno, pero yo sé de lo que hablo: conozco a mi antiguo patrón. Es capaz de matar a un negro como mataría una serpiente. Lo sé porque lo he visto hacerlo. Una vez un negro hizo algo que le molestó y él le pegó un tiro. Luego me dijo: «Llévate a ese negro de ahí» y yo lo hice. Estoy seguro de que me echa de menos porque yo era el que solía enganchar los caballos para que pudiera ir a la iglesia los domingos. Así que ya lo sabes, voy hacia el Norte y me quedaré por allí.

—¿Estuviste quince años cumpliendo una pena de cinco?

—Ya lo creo, y te aseguro que no pienso regresar. Todo el mundo dice que el Sur es mejor, pero para mí el Norte está bien.

Los colores fueron abandonando el cielo. Salieron las estrellas. La luna bruñó la superficie del río hasta dejarla dorada.

Miré a aquel negro. Contemplaba el agua en silencio. Su rostro había quedado sumido en la oscuridad, pero aún podían verse sus ojos amarillentos.

—Las has pasado canutas de verdad, ¿no es así, amigo? —pregunté.

—Ya lo creo. Los negros no tenemos opción, no tenemos suerte, no tenemos nada.

—Has oído hablar de Booker T. Washington, ¿no?

—Sí, blanquito, he oído hablar de Jawge y de Booker,[1] pero no sé gran cosa de ellos. Leí algo en la escuela primaria, nada más.

Aquella misma noche le hablé a aquel vagabundo de los dos Washington y de Toussaint L'Overture, el libertador negro al que engañó el astuto Napoleón.

Cuando amaneció tomamos un café y unos bollos en un lúgubre restaurante. Después nos separamos.

Yo partí hacia Chicago y el negro hacia Minneapolis.

—No te olvidaré, blanquito.

—Yo tampoco —respondí—, hasta la vista.

---

[1] Se refiere a Jawge Hughes y a Booker Taliaferro Washington, dos educadores líderes de la comunidad negra norteamericana que habían comenzado su vida como esclavos.

XII

CAMBIO DE RUMBO

Me subí a un vagón góndola en el que habían transportado carbón. Aún estaba cubierto de polvo negro. La trampilla del suelo estaba abierta y podía ver los traviesos pasar debajo.

Estaba exhausto y anhelaba llegar a un puerto tranquilo, lejos del hambre y el ajetreo. Me preguntaba dónde podría encontrar un abrigo que me quedara bien, pero luego me puse ambicioso y pensé en un traje completo.

Una fuerte ráfaga de viento me levantó el sombrero y lo arrastró directamente a la trampilla. Desapareció bajo el tren.

No me importó demasiado. Fui hasta el fondo del vagón y allí me adormilé un poco al sol.

El ajetreo y el ruido de los vagones me despertó en un pueblo llamado Bryon. Era mediodía, de modo que decidí bajarme y probar suerte a ver si conseguía algo de comer.

Estaban colocando agujas nuevas en las vías. El campamento de los trabajadores quedaba a unos doscientos metros de distancia. Las mulas vagaban por la zona: las habían desenganchado y estaban disfrutando de su día de descanso.

Fui directamente hacia el campamento y les pedí algo de comer. Un hombre jorobado escuchó mi petición y me invitó a sentarme a una mesa con los trabajadores.

Dejaron de charlar de sus cosas para saludarme y me ofrecieron comida.

El jorobado tenía la cabeza en forma de canoa, una gran nariz, orejas muy pequeñas y unos ojos azul pálido. Los tirantes se le resbalaban constantemente y pasaba la mitad del tiempo ocupado en ponérselos de vuelta con el pulgar.

Mientras comía con ellos me preguntó:

—¿Te gustaría trabajar, muchacho?

94

Yo pensé en un abrigo nuevo y le respondí:

—Claro, ¿cuánto pagan al día?

—Un dólar, más el alojamiento.

—Hecho, acepto.

Cuando acabó la hora de comer me llevaron hasta un pequeño grupo de mulas a las que ya les habían puesto el arnés. Las conduje hasta un desnivel y allí un hombre las enganchó a una carretilla de metal en la que transportaban arena. Mi trabajo consistía en llevar las mulas de un lado a otro durante diez horas al día. La recua de mulas bien podría haber hecho el trabajo sin mí: muchas veces llevaba las bridas en la mano sin necesidad de tirar ni darles ninguna orden.

Cuando dieron las seis de la tarde de mi primer día de trabajo me comí una cena ligera que me sirvieron en un plato de hojalata y me fui a dormir.

Las camas no eran más que colchones viejos tirados sobre el suelo. Algunos de los hombres tenían cajas de madera que utilizaban para guardar cosas. No había ninguna de las comodidades habituales de la civilización. Nadie se lavaba los dientes.

Todos usaban el mismo peine y la misma toalla. Se lavaban en palanganas dispuestas sobre un alargado banco de madera. Metían las manos sucias en la palangana y se las llevaban a la cara entre chapoteos.

Ninguno de aquellos hombres tenía lazos familiares ni nada que anhelar cuando acababa la durísima jornada. Hablaban de mujeres como si fuesen una realidad lejana: seres de otro planeta. Como suele ocurrirles a la mayoría de los hombres, también ellos las idealizaban. No aprendí hasta muchos años después que hombres y mujeres son muy parecidos sin importar si son ricos o pobres, pero aquellos pobres diablos no tenían modo de averiguarlo.

Los hombres siempre sienten gran aprecio por cualquiera que les hable de mujeres, y aquellos pobres sentimentales del campamento solían escuchar las historias que el jorobado les relataba subiéndose una y otra vez los tirantes al hablar. Se creían todo lo que les contaba, así como les creían a las prostitutas que les robaban en una hora el dinero que habían ganado tras muchos meses de durísimo trabajo.

Al tercer día me dolía tanto el cuerpo que apenas podía poner un pie detrás de otro. Me ardía la frente. Las mulas bailaban frente a mis ojos como los árboles reflejados en un río.

Nos despertaban cada mañana golpeando con un martillo un raíl que colgaba de la rama de un árbol cerca de la cocina. El cuarto día oí la alarma e intenté levantarme, pero me sentí tan mareado que me tuve que volver a tumbar.

El resto de los hombres se fue a desayunar, pero yo me quedé echado en el colchón. El jorobado vino a ver qué me pasaba. Parecía el doble de alto y tenía los hombros anchísimos. Mi dolorido cerebro me hizo parpadear y de pronto me dio la impresión de que aquel hombre estaba bailando frente a mí. Cuando consiguió ajustarse los tirantes me pareció que su pulgar medía un metro y que los tirantes eran como el arnés de un caballo gigante. Me dijo:

—No te preocupes, muchacho, ya verás como a mediodía te encuentras bien —y salió danzando de la tienda.

Estuve adormilado y con fiebre hasta el mediodía. Soñé que era un general irlandés al que los ingleses habían herido de un disparo y agonizaba solo en un campamento. Soñé que era un poeta y que recitaba mis poemas en voz alta. Los trenes pasaban y todos los vagabundos a los que había conocido me saludaban alocadamente y bailaban en el techo de los vagones. Vi cómo el borde de un túnel les cortaba a todos las cabezas al pasar, pero ellos seguían bailando sin cabeza, con unos inmensos ojos abiertos en el centro del pecho.

El jorobado vino a verme al mediodía y también por la tarde. Estaba convencido de que al día siguiente me habría recuperado ya, de modo que me dio dos dólares y me dijo que fuera al médico. A pesar de que apenas me podía poner en pie conseguí llegar hasta el lugar donde atendía el matasanos.

Me dio unas medicinas y me habló discretamente de la fiebre tifoidea. Comprendí lo que quería decirme. Después de pagarle al médico me quedaban aún cincuenta centavos, pero el jorobado me dio otro dólar. Sin despedirme de nadie me subí a un tren de carga que iba hacia Chicago.

En el techo de aquel tren sentí que me moría de sed. Me ardía la garganta y me dolían las mandíbulas. Sentía que la cabeza me estallaba y gritaba de dolor, pero el tren siguió su camino durante todo aquel día caluroso. Todo me daba vueltas, incluso el tren parecía avanzar en círculos. Estaba atontado y a mi alrededor veía un arcoíris del que brotaba un agua cristalina. Intentaba alcanzar el agua, pero no me encontraba más que el vacío.

Decidí saltar del tren para beber algo y bajé por la escalerilla de metal. Los peldaños estaban tan calientes que varias veces estuve a punto de soltarme.

Sólo una cosa evitó que saltara hacia una muerte segura: el tren silbó para avisar de su llegada a un lugar que llamaban el Cruce de Davis y aminoró un poco la velocidad. Yo no lo noté, ni me detuve a considerar la velocidad a la que iba la máquina. Salté y rodé por el suelo. Quién sabe durante cuánto tiempo estuve allí tirado. No sé cómo encontré una taberna cerca de las vías. Sólo pensaba en un abrigo nuevo del que chorreaba agua. Bebí agua en la taberna.

Sentí nauseas. El día siguió su curso bajo un sol implacable.

Tenía tanta fiebre que me sentí agradecido cuando atardeció y el calor cedió un poco.

Todavía soñaba con mi abrigo nuevo, pese a que mis zapatos estaban tan agujereados que sentía el suelo con los pies y se me asomaban los dedos.

Sabía en qué parte de Chicago vivía Bill. Él me ayudaría a conseguir un abrigo. Cogería un tren rápido de ganado y llegaría allí por la mañana.

No sé cuánto tiempo estuve esperando. Cómo conseguí subir al tren y otros incidentes de aquella jornada son episodios que recuerdo sólo de una manera muy vaga: por culpa de la fiebre no me quedan más que algunas imágenes difusas.

Me tumbé sobre el techo del vagón. El ganado mugía y el tren chirriaba, y yo me agarraba con las manos sudorosas al techo del vagón.

El tren se detuvo en algún punto del camino y un guardafrenos se plantó frente a mí.

—Lárgate, vagabundo, y que no te vuelva a ver por aquí.

—De acuerdo, ya voy —le respondí al hombre, que fue a revisar los otros vagones, pero no me moví.

El silbato sonó un par de veces y a continuación el tren se puso suavemente en marcha. Me di la vuelta y, boca arriba, traté de contar las estrellas. De pronto vi un destello y creí que se trataba de una estrella fugaz.

—¿No te he dicho que te bajaras del tren?

Me incorporé al escuchar aquellas palabras. Vi un hombre inclinado sobre mí, agarrándome brutalmente del cuello de la camisa. Me dio un tirón que aproveché para ponerme en pie. Me zarandeó.

—Estoy sin blanca, señor; si no fuese así no estaría en el techo de su maldito tren. Voy al hospital de Chicago.

El guardafrenos me apuntó a la cara con la linterna y apartó la mirada. Se quedó un momento inmóvil y luego me volvió a apuntar a la cara con la linterna.

—Ven conmigo —dijo.

Lo seguí hasta el otro extremo del techo del vagón. Abrió una escotilla y vi que ese carro transportaba heno para el ganado.

—Salta ahí adentro, muchacho —dijo—, te despertaré cuando lleguemos a nuestro destino. Puedes coger el tren de mecánicos que va a la ciudad por la mañana, es el que lleva a los muchachos de vuelta a casa. No necesitas billete, lo único que tienes que hacer es subir.

Me tumbé sobre el heno canturreando con alegría delirante. El suelo estaba desnudo aquí y allá porque los animales ya habían dado cuenta de una buena cantidad de heno. De cuando en cuando algún que otro cuerno alargado me pinchaba el cuerpo afiebrado. Me dolía la garganta de la sed, tenía los labios pegados y los párpados me ardían como si me los estuviesen quemando constantemente con cerillas.

De vez en cuando conseguía echar una pequeña cabezada, pero siempre me despertaba el empujón de algún cuerno. Soñé que tenía un traje azul, una corbata a rayas y unos zapatos relucientes. Soñé con Bill y con la granja de Missouri. Me acordé de los mosquitos y me pregunté si no tendrían algo que ver con mi enfermedad: alguien me había dicho que podían contagiar la malaria.

Mastiqué un poco de heno para generar un poco de saliva y así aliviar la sed.

Se me ocurrió que tal vez podría ir al furgón de cola para pedir un trago de agua. Empujé la trampilla del techo y una brisa me refrescó la afiebrada frente.

Los trenes de ganado son de los más rápidos que hay. Van a la misma velocidad que los trenes correo y los de pasajeros, a veces incluso más rápido.

Trepé al techo y me puse en pie sobre el bamboleante vagón. Podía ver la locomotora delante, adentrándose en la noche. Un humo blanco y negro cubría todo el tren y luego se dispersaba en todas direcciones. Sin sombrero y sin abrigo, con aquel viento salvaje desbaratándome el pelo, contemplé aquella nube de humo que viajaba hacia el cielo.

Entre donde yo me encontraba y el vagón de cola había al menos una docena de vagones. Un paso en falso y me mataría; una sacudida del tren podía tirarme a cualquiera de los dos lados, un tropiezo podía hacer que me precipitara entre dos vagones. Ni siquiera en aquel estado febril dejé de contemplar esas posibilidades. «Puedo morir de una forma o de otra, pero antes tengo que beber algo», decidí mientras me encaminaba vacilante sobre los vagones.

La lámpara que colgaba en el techo del vagón de cola bailaba frente a mí como una señorita bajo la lluvia. Me resbalé en una ocasión, pero me conseguí agarrar a la barra del freno y me enderecé de nuevo.

«Dios mío, ahora sí estuve cerca», pensé.

Al fin conseguí llegar hasta la puerta del vagón de cola. La abrió el maquinista.

—Señor, me estoy muriendo de sed, ¿podría darme algo de beber?

Al maquinista se le abrieron los ojos como platos al verme.

—Claro, muchacho —dijo ofreciéndome un vaso de hojalata lleno de agua. Me lo bebí sin respirar y le pedí otro.

—Debes de tener las tuberías calientes, muchacho —dijo el maquinista.

—Ya lo creo, tengo la caldera al rojo vivo —respondí yo.

Dos guardafrenos estaban allí, uno de ellos era el que había sido amable conmigo.

El tren dio un bandazo y caí en brazos del maquinista.

—Échate ahí, muchacho —me dijo señalándome un catre que había en un rincón—, estamos a punto de llegar.

El amanecer llegó al depósito al mismo tiempo que el tren. El guardafrenos me llevó hasta el tren de los empleados, consiguió que subiera sano y salvo y al poco rato ya estaba rodeado de los trabajadores del turno de noche deseosos de llegar a casa.

Me bajé en la última parada, a las afueras de Chicago.

Las tabernas estaban abiertas; entré en la primera que vi y me bebí un gran vaso de cerveza. Se me revolvió el estómago y salí de allí a toda prisa.

Al caminar por la calle me sentí destemplado.

Había un par de camioneros compartiendo una botella. Al verme me ofrecieron un trago. El alcohol me quemó la garganta y me hizo sentirme peor todavía.

De algún modo conseguí llegar hasta el tren elevado. Quería ver si encontraba a Bill en el hogar de Newboys, en el sur de la ciudad.

La gente se me quedaba mirando por la calle. Iba sin sombrero y sin abrigo. Tenía el gesto sombrío y la cara sucia del viaje.

Una mujer bien vestida se apartó asustada de mi camino y otra me ofreció un asiento a su lado. Era muy baja de estatura, estaba vieja y arrugada, llevaba unos pendientes negros colgándole de las orejas y las manos cubiertas por unas venas gruesas como gusanos azules. Por algún extraño capricho de la memoria todavía hoy sería capaz de reconocerla si me cruzara con ella.

Me bajé del tren en la intersección de State y Van Buren y subí las escaleras mareado. Había oído hablar a Bill de la intersección de las calles State y Van Buren y supongo que por esa razón mi afiebrado cerebro supuso que lo podía encontrar allí, pero no estaba.

Incapaz de encontrar a mi amigo, exhausto y desanimado, me puse a caminar por la calle South State hasta que llegué a una pensión frente a la que había un par de mugrientas tumbonas.

Le di quince centavos al dependiente, que me llevó hasta un camastro en una pequeña habitación que tenía cables colgando en el techo.

Me pasé el resto del día y de la noche en aquella habitación, soñando con cosas absurdas y cantando a ratos para intentar aliviar la fiebre.

No sé si mi propia naturaleza o algo que había desarrollado en mi interior durante mi vida de vagabundo me había hecho preferir el sufrimiento en soledad.

Lo que me preocupaba por encima de todas las cosas era encontrar a mi amigo Bill y el hogar Newboys. Sabía que los residentes de Newboys tenían derecho a una cama en el hospital de San Lucas y a la mejor atención médica de la ciudad.

Siempre había oído decir que los hospitales públicos eran los peores lugares en los que podía acabar una persona pobre. En el orfanato algunos muchachos me habían contado cómo los doctores y las enfermeras les daban de beber a los enfermos de unas misteriosas botellas negras y que luego no se volvía a saber más de ellos. Aquellas botellas negras contenían un veneno mortal. En plena noche los médicos se acercaban a los más enfermos y desahuciados, les daban una cucharada de ese veneno y al día siguiente la cama ya estaba lista para otro paciente.

Hacía menos de tres meses había tenido una conversación con un viejo vagabundo que había estado a punto de morir. Cuando le pregunté por qué no había ido a pedir auxilio al hospital del condado el viejo replicó:

—Tuve una oportunidad de ir, pero seguro que me habrían hecho palmar. No quiero que me maten con la botella negra.

No hay duda de que se trataba de una especie de superstición, pero estaba muy extendida. La mayor parte de los mendigos se la creían y los más viejos incluso contaban anécdotas sobre cómo se las habían intentado hacer tomar.

En aquellos momentos yo no temía la muerte, sino la botella negra.

Dejé la habitación al día siguiente y me encaminé hasta el final del edificio donde había un grifo adosado a una sucia palangana de hojalata. Estaba tan muerto de sed que bebí hasta hartarme de aquella agua caliente. Otra vez se me revolvió el estómago.

Como todavía me quedaban unos veinte o treinta centavos, fui a una taberna barata que quedaba junto a la pensión. Con el pelo revuelto, los ojos nublados e inyectados en sangre, le conté mis penas al camarero.

Aquel hombre de mandíbula tosca y saliente y de manos y hombros enormes me escuchó con atención.

—¿Podría llevarme al hogar de Newsboys, señor? Si no me lleva nunca lo conseguiré, no puede estar a más de un par de kilómetros de aquí.

—Eh, Billy —le dijo el camarero a un tipo que estaba apoyado contra la pared—, ¿tienes ahí la furgoneta?

—Sí —contestó el hombre encorvándose sobre la barra.

—Lleva a este muchacho a la Catorce con Wabash, ¿quieres? Está más enfermo que un hospital entero.

XIII
UN BUEN DESCANSO

En el patio de cemento frente al hogar Newboys había un montón de chicos de todas las edades, Bill entre ellos.

Corrió a mi encuentro. El hombre que me había llevado hasta allí me sacó de la furgoneta en brazos.

Bill subió a toda prisa las escaleras hasta el despacho de la matrona y le suplicó que me acogiera.

—Al menos déjele estar lo suficiente como para que lo lleven al hospital de San Lucas —rogó Bill. Aquella amable mujer me inscribió en el registro del hogar y Bill regresó corriendo a contármelo. Los otros chicos habían formado un círculo a mi alrededor.

Me llevaron hasta el dormitorio y la matrona llamó por teléfono al médico del hogar.

Aquel hombre era uno de los mejores médicos de todo Chicago. Llegó en menos de una hora.

Bill y otros muchachos me habían lavado un poco la cara y las manos y habían intentado peinar mi pelo encrespado.

Josephine G. Post, la bella matrona de pelo plateado, había supervisado la tarea. Siempre impulsivo y poco acostumbrado a que me trataran con ternura me puse a llorar en sus brazos.

Al final llegó el médico a aquel dormitorio blanco e impoluto. Iba acompañado de dos estudiantes en prácticas. Me examinó. Todavía hoy recuerdo lo que dijo enseguida:

—Tifoidea… o malaria… avanzada. Llamad a la ambulancia.

Uno de los médicos en prácticas corrió hacia el teléfono. El médico y los residentes se fueron y poco después dos corpulentos enfermeros llegaron con una camilla y me llevaron a una ambulancia que me esperaba en la calle.

Uno de ellos refunfuñó sin parar hasta que me dejaron en la ambulancia. Los chicos del hogar se quedaron allí, de pie, observando junto a la matrona hasta que la ambulancia avanzó dando saltos por el adoquinado de la avenida Wabash y giró en el bulevar Michigan en dirección al lago.

Poco después ya me habían bañado, vestido con un camisón limpio y metido en una cama junto a una ventana desde la que se veía el agua azul del lago Michigan.

Me encontraba tan enfermo que durante los siguientes cuarenta y ocho días estuve en varias ocasiones al borde de la muerte, pero a pesar de todo cuando rememoro aquella época me parece una de las más felices de mi vida.

Ya en mi primera infancia, y ni se diga durante el tiempo que pasé errando de aquí para allá, había conocido muchas de las realidades más duras de la vida. Las mujeres decentes quedaban muy lejos de mis posibilidades y su ternura era algo completamente desconocido para mí. Toda mi vida había sido un lector apasionado y un amante de las cosas bellas, pero mis condiciones hacían imposible que nadie siquiera me hablara de esas cuestiones.

En mis pulmones se había acumulado cierto líquido que hacía imposible que me bajara la fiebre. Se hicieron tres intentos de extraerlo y la tercera fue la vencida.

Un médico alemán vino a la sala, me golpeó la espalda con el dedo a la altura de los pulmones y luego me dibujó un punto azul sobre la piel. Aquella tarde me hicieron una punción con una aguja a la que habían adosado un pequeño tubo por el que extrajeron el líquido, que acabó en una botella. Una gota de aquel líquido cayó sobre mi camisón y dejó una mancha de color verde.

Después de aquello ya no hubo más recaídas y los días transcurrieron en un estado de constante sopor. Había libros y revistas en cantidad. Viajé a la India con el *Kim* de Kipling y por los caminos de Inglaterra con la *Tess* de Hardy.

Una enfermera de ojos azules me trajo tres libros más: *El*

alcalde de Casterbridge, Cumbres borrascosas y *La historia de una granja africana.*

No había que preocuparse ni por el alojamiento ni por la comida y el futuro era una agradable neblina que no se despejaba jamás. En la sala nadie utilizaba palabras altisonantes y los doctores, las enfermeras y los residentes pasaban con frecuencia frente a mi cama y me saludaban.

Los chicos del hogar también me hacían muchas visitas y siempre que venían me traían fruta. La matrona vino a verme y se sentó a mi lado en la cama como si fuera su propio hijo.

Todavía hoy, cuando las cosas se ponen feas, me dan ganas de regresar una temporada al hospital de San Lucas.

Cuando me dieron el alta la matrona me trajo ropa nueva y unos zapatos. Odiaba tener que marcharme de allí y el último día lo lamenté mucho.

La comida del hogar, el agua, la vida austera y las conversaciones de los chicos fueron cosas a las que me costó un lento y penoso esfuerzo volver a acostumbrarme.

Puede que me hubiesen curado la fiebre y la malaria, pero las ganas de ver mundo todavía me seguían ardiendo en el pecho.

XIV
UNA VICTORIA
EN LAS ELECCIONES

El día de elecciones siempre era una fiesta para los chicos del hogar.

Tan pronto como se abrió la votación fui con Bill a la calle C…, donde nos encontramos con un muñidor. El hombre le dio a Bill la dirección de cinco locales electorales y los nombres de las personas que se encargaban de cada uno de ellos.

Primero fuimos a la calle S… Frente al lugar se aglomeraba un grupo de hombres de aspecto bastante descuidado. Junto a la puerta había dos un poco mejor vestidos, pero con cara de borrachines. Bill le dio a uno de aquellos hombres un papel en el que estaba escrito su nombre. El hombre se nos quedó viendo, sacó un cuaderno del bolsillo de su chaqueta, lo miró y nos dijo:

—Vamos a ver, tú te llamas Edward Ryan, vives en el Hotel… en la calle W… y tú —dijo mirándome a mí— eres William Jones y vives en la misma dirección. A votar. Venid a verme luego.

Entramos en el local. El responsable masculló algo, echó la silla hacia atrás y puso los pies sobre la mesa. El juramento sonó como un «bla bla bla» apresurado seguido de un «lo juro por Dios» un poco más claro.

Votamos y salimos a buscar al hombre de la puerta, que estaba a pocos metros, un poco más abajo en aquella misma calle. Nos dio tres dólares de plata a cada uno.

Repetimos el mismo procedimiento en cinco lugares más.

En el último de los locales, que estaba en la calle W… y lucía abarrotado de gente, el tipo de la puerta me dijo:

—Veamos, te llamas Abe Goldstein y vives en el 422 de la calle Halstead. Anda, ve a votar.

—Escucha, amigo, ¿se puede saber en qué estás pensando? —exclamó Bill—. ¿Es que quieres que encierren a mi compadre? ¿Cómo piensas que puede votar con ese nombre cuando lleva el mapa de Irlanda tatuado en la cara?

—Es el único nombre que me queda. Tómalo o déjalo. Además, ¿qué importa el nombre? Las calabazas se cocerían igual aunque se llamaran de otro modo.

—Escucha, pelirrojo, yo tengo más pinta de judío que tú. Cambiémonos los nombres —sugirió Bill.

Solucionado ese importante asunto y decididos a seguir arruinando el futuro de Estados Unidos, entramos y votamos.

Al salir vimos a una multitud reunida en la acera. El hombre que nos había pagado estaba discutiendo con otro caballero.

—¡Oiga usted! —le decía—, ¡esas artimañas inglesas no valen aquí! Debería dar gracias a Dios de estar en un país libre. ¡Le voy a romper todos los huesos!

Apareció un policía.

—¿Qué sucede, Patty? —le preguntó al que nos había pagado, que tenía cara de ofendido.

—Nada, este tipo es un poco fresco, pero ya está arreglado.

—¿Quieres que me lo lleve a dar un paseo? —preguntó el policía.

—No, déjalo por esta vez.

Cuando se rebajó un poco la indignación de Patty, bajó por la calle con Bill y conmigo y nos metimos en una taberna. Pidió bebidas para los tres y cuando el camarero le devolvió el cambio del billete de diez dólares nos dio tres dólares a cada uno.

—Esos malditos ingleses son una pesadilla. Ojalá entremos en guerra con Inglaterra.

Cuando se lo proponía, Bill podía llegar a ser el tipo más pelota del mundo.

—¡Y que lo diga, señor! —respondió, pero cuando salimos

de nuevo a la calle me dijo—: lo único que se puede hacer con esta gente es decirles que sí a todo.

—¡Y que lo diga, señor! —respondí.

A primera hora de la tarde ya se había registrado un triunfo aplastante del partido Demócrata y se estaba preparando una gran fiesta de celebración en el Coliseum.

XV

EL BAILE DE CELEBRACIÓN

El Coliseum es un gran edificio de la avenida Wabash del que se dice que fue diseñado a imagen y semejanza de una prisión de la época de la Guerra Civil.

Por sus puertas han pasado muchos personajes notables, entre ellos James G. Blaine, William McKinley, Theodore Roosevelt, Robert G. Ingersoll, Benjamin Harrison y Mark Hanna. Fue también en el Coliseum donde Bryan dio su célebre discurso de la Cruz de Oro, preocupado como estaba entonces porque el trabajo fuera crucificado en una cruz de ese metal y coronado de espinas. Aquel discurso le proporcionó a Bryan oro en abundancia, pero no consiguió quitarle ni una sola espina a la corona del trabajo.[1]

La noche del triunfo demócrata el Coliseum estaba adornado con insignias y banderas por todas partes. La bandera estadounidense, en cuyo honor se habían organizado las elecciones, colgaba en todos los puntos imaginables.

Entre la multitud había un buen número de representantes de la élite del submundo local.

---

[1] William Jennings Bryan (1860-1925) fue el principal defensor de la política de la «plata libre», un movimiento político que apoyaba la emisión de papel moneda con respaldo de plata, y no sólo de oro. La plata libre, frente al llamado patrón oro, fue el principal tema de debate durante la Convención Nacional Demócrata de 1896, celebrada en el Coliseum de Chicago, en la que Bryan fue uno de los oradores. Su discurso se cerró con una célebre afirmación: «No se le puede imponer al trabajo esta corona de espinas, no se puede crucificar a la humanidad en la cruz del oro». La multitud respondió con más de media hora de aplausos y Bryan logró ser designado candidato presidencial Demócrata.

Esperé en la entrada del edificio hasta que pasaron los dos concejales más poderosos de la ciudad. Uno de ellos era un hombre bajito de grandes mandíbulas que iba vestido con un traje que le quedaba francamente bien; el otro, un hombre grueso que caminaba despacio. Ambos eran propietarios de varias tabernas.[1]

El bajito había empezado como repartidor de periódicos en las calles de Chicago. Si hubiese nacido en un entorno más favorable fácilmente habría podido acabar redactando las leyes de la nación. Tenía una perspicacia política y una habilidad organizadora de primer nivel. La vida le había enseñado a distinguir lo fundamental de lo accesorio. Sus acciones estaban salpicadas de amabilidad. Era profundamente humano.

En la lucha política fue siempre tenaz y cauto. Empleaba todas las cartas disponibles para conseguir la victoria, pero sin olvidar la ética. Hoy debe de tener una fortuna de más de un millón de dólares y hay gente que asegura que a lo largo de su vida ha donado varios millones. La vida íntima de la ciudad de Chicago estuvo ligada durante veinte años a la de aquel hombre: él era el poder permanente tras los poderes pasajeros de la ciudad que se alza frente al lago Michigan.

Era propietario de dos tabernas. Una era un pequeño lugar aristocrático y pulcro en el que solían reunirse los políticos más influyentes de la ciudad. Allí se podía ver cualquier tarde a aquel hombre bajito y callado.

La otra taberna era mucho más grande y estaba en la calle South Clark, una zona donde durante años se había reunido gran parte de la población flotante de América. Era una de las tabernas más grandes del mundo, si no la más grande. Allí se

---

[1] Se refiere a Michael «Hinky Dink» Kenna (1858-1946) y a John «Bathhouse» Coughlin, dos poderosas figuras políticas del Chicago de la época.

servían grandes vasos de cerveza a los vagabundos sedientos a cambio de cinco centavos, y se daban abundantes almuerzos gratuitos. Los vagabundos podían comer allí siempre, tanto si tenían cinco centavos en el bolsillo como si no.

El suelo estaba cubierto de serrín y el ambiente inundado de un olor a humanidad y a ropa sucia. Los más astutos se llevaban consigo su cerveza cuando iban a formarse a la barra del almuerzo gratuito, porque la atenta mirada del camarero no siempre podía evitar que las bebidas acabaran en el gaznate de algún vagabundo sediento cuando el verdadero dueño se daba la vuelta.

La pared del fondo de la taberna tenía treinta metros de largo y estaba cubierta por un enorme espejo.

El lugar estaba repleto de curiosos locales y de visitantes de lugares lejanos. Era un imán para los vagabundos de todas partes. Aquella multitud de buscavidas tenía su cuartel general en los hoteles baratos del distrito. Durante las votaciones era imposible comprobar si de verdad vivían en Chicago porque daban los nombres de otros vagabundos que se habían registrado el año anterior, que ya habían dejado la ciudad o que incluso habían muerto. Daba igual: los vagabundos siempre votaban al dueño de la taberna y era imposible que éste perdiera las elecciones.

Una multitud se había reunido alrededor de aquel hombre bajito que estaba junto al hombre grueso. Ambos eran de ascendencia irlandesa: la sombra de sus ancestros acechaba en su manera de sonreír, disimulada y contenida.

Me dirigí al hombre bajito:

—El tipo de la puerta no me va a dejar entrar; por favor, dígale que me deje —supliqué dirigiéndome a él por su nombre de pila.

Se detuvo un instante. Tal vez le recordé otra época de su vida.

—Claro que sí, muchacho, entra.

El tipo de la puerta se hizo a un lado y yo pasé a toda prisa.

En cuanto los dos concejales entraron al recinto la banda empezó a tocar:

Saludad, saludad, la pandilla ya está aquí.

El edificio estaba prácticamente lleno. La multitud prorrumpió en un grito y un montón de mujeres escandalosamente maquilladas y de hombres de mirada furtiva rodeó a los concejales. Para ellos debe de haber sido como si un mar de rostros los engullera.

El suelo estaba más reluciente que un espejo. La banda se puso a tocar un vals y empezó el baile.

Cientos de jóvenes y sinuosos cuerpos femeninos se deslizaban sobre aquel espejo, guiados por carteristas y chulos, camareros y muñidores: toda esa aristocracia de buen corazón pero de vida difícil.

Muchas de las chicas habían dejado de ser colegialas hacía poco, pero tenían actitud de haber vivido mucho y tener mucho que recordar.

Había toda una multitud de mujeres del distrito rojo sentadas en cajas alrededor de la pista de baile: parecían lirios rojos en una atmósfera de color carmín y se notaba que se lo estaban pasando increíblemente bien. Seguro que no habría sido lo mismo si se hubiesen detenido a pensar que pronto llegaría el día en que se marchitaran. Aquellas ninfas balbuceantes, borrachas del vino de la vida, disfrutaban de lo que para muchos sabios es lo único que poseemos de verdad: el presente.

Acabó la pieza y el Coliseum se sumió en la oscuridad. Una enorme luna artificial descendió brillando desde la parte más alta del edificio.

La banda tocó un vals nocturno. Yo me sentía cautivado ante el espectáculo. Un rayo de luna alumbró el estrado en el que estaba el concejal bajito, pero sus ojos grises no se apartaron ni un segundo de los bailarines de la pista.

Sentí una conmoción a mis espaldas y oí una voz que decía:

—Saca tu mano de ahí. ¿De verdad pretendías robar a un miembro del comité? Tienes las manos más grandes que las patas de un elefante.

Todo volvió a quedarse en silencio, paró el baile y se encendieron las luces.

Decenas de coristas rubias, morenas y pelirrojas, vestidas de rojo, azul o blanco hicieron su entrada, se dirigieron al centro de la pista y empezaron a bailar alocadamente. La multitud estalló en aplausos.

Las bailarinas pasearon sus sinuosos cuerpos por la pista entre movimientos frenéticos e insinuantes durante una hora en la que fue maravilloso estar vivo.

En cuanto terminaron de bailar les dieron unas batas para cubrirse y se disolvieron en la multitud mientras se preparaba la sala para el gran desfile.

Mientras tanto, en el anexo, un concejal gordo y bastante borracho pretendía ser un barbero.

—No tengo nada que envidiar a los mejores barberos del país, ¿quién quiere un champú? —gritó agitando una botella de champagne. Nadie se apuntó, pero todo el mundo se puso a reír. De pronto, el concejal se quedó viendo a un chico cuyo pelo pareció fascinarle y corrió torpemente hacia él tratando de echarle el precioso líquido sobre la cabeza. El chico lo esquivó, el hombre derramó el champagne, se resbaló y fue a dar al suelo.

Una banda de negros con alegres trajes de colores comenzó a desfilar por la sala. Los dirigía otro negro, que llevaba el traje más chillón de todos. Muchos años antes había sido un boxeador famoso internacionalmente, su nombre era Jack Johnson.

Tras ellos venía otro grupo que representaba todos los estereotipos sociales de los negros de entonces. Unos iban disfrazados de recolectores de algodón, otros de peones del puerto; las viejas iban vestidas de fregonas; los jóvenes, de botones, y los viejos, de mozos de estación. Todos cantaban a coro:

La gente dice que los negros no roban,
pero yo he pillado a once en el campo de algodón;
uno de ellos gritaba y lloraba
porque había metido el pie en un melón.

Y luego, a voz en grito, como si fuesen colegiales:

¿Cómo se llama? ¿Qué te parece a ti?
¡Es nuestro amigo Hinky Dink!

Y entonces empezó el gran desfile.

El irlandés bajito caminaba del brazo del gordo. Aquella especie de muro de habitual reserva parecía haberse desvanecido de su rostro. Tras ellos venían desfilando agentes vinícolas, dueños de burdeles, matones de taberna, jugadores de cartas que parecían ministros, miembros de logias locales, mujeres en su primera y segunda juventud, chicas de cabaret y todo el grupo de negros vestidos de colores.

Subido a un estrado un hombre gordo pasaba botellas de licor a las mujeres del distrito rojo.

—Bebed, bebed, ovejitas mías —gritaba, y las mujeres reían a carcajadas.

La comitiva no paraba de desfilar dando vueltas y más vueltas al compás de la música de la banda.

Las luces se volvieron a apagar y de nuevo se encendió la luna eléctrica. Una enorme bandera se desenrolló como una alfombra desde el tejado del edificio y una brisa procedente de alguna parte la hizo ondear. Se agitó iluminada por la luna eléctrica.

La banda tocó el himno nacional y la multitud se convirtió en un inmenso coro:

Decidme, ¿no veis a luz de la aurora
la bandera que saludamos al caer la noche?

Unas cuantas voces mejor timbradas, procedentes del grupo de los negros, se oían por encima del resto.

Decidme, ¿sigue ondeando la bandera estrellada
en la tierra de los libres, el hogar de los valientes?

Las luces se encendieron y un orador subió al estrado.

Se trataba de un abogado, un hombre mucho más refinado que el concejal bajito, que muy probablemente lo utilizaba como una mera fachada. Se había graduado en una universidad de la costa este y descendía de una familia de rancio abolengo. A base de obedecer órdenes había conseguido llegar muy lejos en la vida política de la ciudad. Hizo un fervoroso discurso sobre el patriotismo y, como buen irlandés, acabó atacando a Inglaterra.

El público aplaudió con fervor esa parte de su discurso:

—Las estrellas de nuestra bandera representan las almas de los patriotas caídos; las franjas rojas, la sangre de los mártires que construyeron esta nación en la que gozamos una perfecta libertad, lejos del yugo de Inglaterra —y agitando majestuosamente la mano concluyó—: ¡y las franjas blancas, las almas puras de nuestras mujeres!

Tras un sonoro aplauso la muchedumbre se disolvió. Había muchos taxis y coches particulares esperando en la avenida para llevarse a toda aquella gente. Poco después el Coliseum estaba desierto.

XVI
DE NUEVO A LA AVENTURA

El invierno quedó atrás y los cálidos vientos de mayo despertaron en mí el deseo de aventuras. El silbido de una locomotora tiene un encanto tan grande como inexplicable, como la luz que lleva a las polillas a la destrucción.

Una noche de ese mismo mes ya estaba viajando en la oscuridad del vagón de un tren correo en compañía de un fornido holandés llamado Dutch Vander.

Estuvimos esperando el tren durante una hora en un puente por el que tenía que pasar. Una estrella distante brillaba por encima de la luna creciente. En el resplandor del atardecer el gran lago Michigan, ancho como un mar interior, se agitaba suavemente como una fascinante y misteriosa bandera. La joven luna, abrasada aún por el sol, dibujaba una pequeña hoz roja en el lago. El agua vibraba y las pequeñas olas rompían blancas y perezosas en la orilla. Luego la luna se sumergió en el lago y la espuma blanca se tornó violeta, y del violeta pasó al azul oscuro. Las estrellas se pusieron a brillar como diamantes sobre una mesa de terciopelo invertida.

—Menuda noche —dijo el joven holandés, y yo respondí algo adormilado:

—Y que lo digas.

Todas las noches alrededor de las ocho salía de la estación central de Illinois un tren correo. El puente en el que estábamos esperando se encontraba a unas nueve calles de la estación. Para evitar que la tripulación nos viera, planeábamos dejarnos caer desde lo alto del puente hasta el ténder de la locomotora cuando pasara por debajo.

En cuanto vimos el humo del tren sobre el lago nos subimos a la baranda del puente. Desde allí, distinguimos la luz de la locomotora. Estábamos nerviosos. El tren se aproximó en medio de una nube de humo hasta situarse sobre el puente. La enorme masa de humo se curvaba en un gran rizo y se alzaba hacia el cielo. El silbato sonó dos veces y el tren comenzó a coger velocidad. Nos soltamos de la baranda y caímos a salvo sobre el ténder. Un instante después, y tras recuperar la calma, nos colamos en un vagón para poder evitar el viento que venía del lago y las cenizas de la locomotora.

Cincinnati quedaba a cuatrocientos kilómetros y nuestra intención era llegar allí a las ocho de la mañana. Para los vagabundos era muy habitual hacer aquel viaje en una sola noche; muchos viajaban incluso desde Kansas u Omaha protegidos por la oscuridad durante la mayor parte del recorrido, y ambas ciudades están a quinientos o seiscientos kilómetros de Chicago.

En Kankakee, Lafayette e Indianápolis nos vimos obligados a abandonar el tren y buscar un lugar cerca de la vía para escondernos, pero al final llegamos a Ohio según lo previsto.

Yo había pasado seis años en un orfanato de esa ciudad. En Estados Unidos, cuando un chico deja un orfanato lo deja para siempre. Pese a que pertenezco a una raza de sentimentales que no dudan en darle la tabarra a Dios cada vez que la vida se les complica, jamás he sentido nostalgia de aquel lugar.

—En fin —dijo Dutch—, parece que vamos a tener que movernos un poco si queremos desayunar.

Tener que mendigar el desayuno en las condiciones en que nos encontrábamos: agotados del largo viaje y sucios del polvo y la mugre del camino, no parecía la perspectiva más agradable del mundo.

Entramos en una taberna que estaba en un embarcadero frente al río Ohio. El camarero nos enseñó dónde quedaba el baño y nos dio una pastilla amarilla de jabón y una toalla a franjas blancas y negras.

Después de refrescarme y lavarme un poco sentí que recuperaba el ánimo.

—Vamos a Fountain Square, Dutch; saquemos dinero suficiente como para comprarnos una comida de verdad.

—Cuenta conmigo —respondió aquel holandés cuya cara era el epítome de la imperturbabilidad, la capacidad para tomar decisiones rápidas y la ausencia de miedo.

Durante todos los años que pasé en el orfanato las monjas que nos cuidaban fueron destilando en mí un miedo patológico a la posibilidad de acabar en un reformatorio.

El camarero nos escuchó debatir sobre la cuestión del desayuno.

—Os ayudaría, muchachos, pero no tengo ni un centavo, y tampoco puedo meterle mano a la caja porque mi jefe tiene contada hasta la última moneda que hay en ella, pero sí puedo invitaros a un trago.

—Eso estaría bien —respondí acercándome a la barra. Dutch avanzó tras de mí. El camarero sacó una mugrienta botella de detrás de la barra, puso dos pequeños vasos junto a ella y los llenó de un licor rojo. Bebí con la misma rapidez con la que me habría bebido un vaso de agua. Los tres nos quedamos mirando la botella, y como sabíamos que el buen whisky siempre deja unas pequeñas burbujas en el vaso después de haberlo bebido el camarero comentó:

—Ya sé que el licor no está muy católico, muchachos, pero un par de vasos bastan para terminar bailando con el papa.

Nos tomamos un vaso más y después otro. Quemaba al bajar por la garganta. Los reformatorios y los miedos de la infancia desaparecieron de golpe y a cambio una idea loca se me metió en la cabeza: iba almorzar huevos con jamón aunque acabara en la cárcel en el intento.

Dutch se rascó la ovalada cabeza al ver que me reía solo.

—Este brebaje es capaz de tirar a un vagabundo de un tren, ¿eh, Dutch? —le dije.

—Ya lo creo —replicó Dutch—, y de desenganchar un vagón, para el caso.

Fuimos a la plaza y, luego de quedar en reencontrarnos

al cabo de una hora, cada uno tomó posición en un extremo.

Yo tuve suerte al instante. Un trabajador negro con el traje cubierto de yeso cruzó la calle tarareando una canción. Le dediqué mi mirada más triste y empecé a contarle mis miserias. Él hizo una mueca de desagrado cuando me puse a caminar a su lado, pero en ese momento despertaron en mí los cientos de miles de contadores de historias irlandeses que llevo dentro. Los ojos amarillentos del negro se fueron nublando a medida que bombardeaba su corazón con palabras… Le dije que había impedido que lincharan a un negro y que me habían echado del trabajo por ese motivo. Describí al negro corriendo por una calle desierta y tras él a unos blancos enloquecidos con una soga en la mano. Le conté cómo le había ayudado a esconderse en un callejón en un intento desesperado de escapar y cómo la comitiva había pasado de largo a toda velocidad creyendo que había doblado la esquina… El negro se talló los ojos, pero yo no paraba de hablar. Nos cruzamos con dos policías y en su honor cambié enseguida el tema de la conversación y empecé a hablar de trabajo. El negro suspiró y en su aliento me pareció percibir a toda una comitiva de haditas negras que debían haber estado bailando en su mente mientras yo parloteaba sin parar. Vencido, me dijo finalmente:

—Vayamos a comer algo.

Como es habitual en los seres humanos, yo me olvidé por completo de mi compañero de miserias y me fui con aquel caballero de traje cubierto de manchas de yeso.

Había una taberna barata en la calle Cinco en la que las razas de la tierra se podían mezclar. Entramos y nos sentamos a una de las mesas, los dos hablando a la vez. Un camarero gordo se acercó torpemente hasta nosotros. El negro pidió un par de vasos de licor, pero yo di un golpe en la mesa y dije:

—Tráeme de comer.

El camarero se me quedó viendo.

—Tráele algo de comer —dijo el negro.

Primero trajeron las bebidas, que nos bebimos al instante. Pedimos dos más.

Yo me callé por fin: ya había conseguido lo que quería. El negro siguió hablando:

—… y entonces el jefe me dijo: «Eh, tú, negrata» y yo le respondí: «¿A quién estás llamando negrata? ¿Te crees que estás en el Sur o qué? Dejo el trabajo.» Tiré al suelo el yeso que tenía en la mano y me largué a la calle. A mí nadie me llama negrata; no soy ningún negrata.

—Claro que no —respondí yo—: vales lo mismo que cualquier blanco. Dios nos creó a todos iguales y sabía lo que hacía, por mucho que no distinguiera bien los colores. ¿Tú crees en Dios? —pregunté.

—¿Qué si creo? Yo lo conozco. Dios viene a mí y me habla muchas veces. Dios no es blanco: es más negro que yo. Yo lo he visto, ya lo creo que sí. Hace mucho, mucho tiempo todo el mundo era negro, pero el sol se puso a pegar bien fuerte y la gente enferma se puso blanca. Entonces les dio por pensar que el blanco era el mejor color y se volvieron engreídos. A mí nadie me llama negrata; sé de lo que hablo.

El camarero pasó cerca de nosotros llevando un plato amarillo rebosante de un guiso que llaman «ropa vieja», y que no es más que una combinación de todo lo comestible. El negro se quedó mirando aquella montaña humeante y le dijo:

—Tráeme un poco de eso, camarero. —El camarero miró a su hermano de piel oscura y se marchó a cumplir con la petición. Cuando regresó con la comida, el negro añadió—: Tráenos más bebidas —después continuó su relato—: Dentro de doscientos años ya sólo quedará un negro y estará tullido. En todo el mundo sólo habrá un blanco, un negro y un caniche. El blanco matará al negro y lo convertirá en pimienta negra que echará sobre el caniche cuando se lo coma, y ése será el fin de la raza negra.

—Bueno —dije yo—, tampoco creo que importe mucho.

—A los negros desde luego no nos importará, porque los negros tenemos un alma inmortal.

El negro probó la comida y al instante su mente se centró en las cosas materiales.

Pidió otra ronda de bebidas. Aquel matarratas hizo que las haditas negras de su cabeza se pusieran a bailar aún más frenéticamente. Se bebió su vaso de un trago y pidió otro. Yo me rendí.

Alejé un poco el plato a medio comer y contemplé a mi benefactor negro al otro lado de aquella mesa grasienta y sin barnizar. Bastante borracho ya, me puse a pensar en el misterio de las razas. El tipo que tenía delante creía que su Dios era negro, las mujeres que me habían inoculado la religión creían que Dios era blanco, y yo, de niño, me imaginaba que Dios medía cien metros de alto y tenía la barba pelirroja. Seguramente a causa de lo mucho que veía llorar a los otros chicos a la hora de dormir, también me imaginaba que era un hombre cruel del que los niños tenían que huir despavoridos si sus madres morían. Recuerdo muy bien lo que pensé en aquella sucia taberna repleta de moscas, y también que luego me quedé dormido y tuve un sueño extraordinariamente vívido. Luego de ver pasar frente a mis ojos la historia entera de la humanidad: rubios y negros, rojos y amarillos, soñé que un sinnúmero de jovencitas de todos los colores, desnudas y esbeltas como árboles en invierno, bailaban a la luz de la luna en una ancha playa mientras un grupo igualmente numeroso de ángeles rojos, blancos, azules y verdes les arrojaban flores. Sus cuerpos se movían al ritmo de las olas verdiazules. En un momento dado el mar parecía estar ya completamente cubierto de flores, pero los ángeles no dejaban de arrojar más y más. De pronto el viento levantó un enorme remolino de arena que llegaba hasta la altura de la luna y de la nada aparecieron millones de mariposas de todo tipo y pájaros de brillantes colores. Cada uno de ellos cogió una de las flores y se adentró girando en el remolino como si éste fuera un enorme túnel que condujera a la luna, que, por su parte, bailaba locamente en mitad del cielo. A continuación los ángeles volaron tras los pájaros y las mariposas, y después llegó el turno de las jóvenes, que ascendieron lentamente mientras cantaban una canción extraña y triste, cada una con una voz tan hermosa como la de Jenny Lind. En ese momento las estrellas empezaron a caer al mar y el sol apareció abriendo un enorme agujero en el cielo. Sólo la luna permaneció allí, bailando como un orbe enloquecido, fantástico y brillante, girando en sentido contrario al remolino. El sol ascendió velozmente por el cielo y secó el océano tal como las llamas secan una gota de lluvia. Muchos peces, animales y todo tipo de grotescos reptiles murieron entre las algas y los corales del lecho marino. Unas ballenas inmensas agitaron sus moribundas las colas haciendo volar el fango a cientos de metros de altura y luego se quedaron inmóviles. El viento volvió a alzarse y barrió el lecho marino enviando a todas aquellas criaturas muertas junto a los ángeles, las chicas y las flores. Fueron elevándose en un equilibrio perfecto, sin chocar entre sí, como astros. En ese instante una de las jóvenes salió de aquella nube de absoluta confusión llevando una bandeja en la que había unos huevos con jamón y yo me dirigí a su encuentro. Una mano me sacudió el hombro.

—Despierta, muchacho, esto no es un hostal.

El camarero estaba a mi espalda y el negro se restregaba los ojos al otro lado de la mesa.

Cuando salimos de la taberna le dije al negro:

—¿Me prestarías un dólar? Te lo devolveré cuando nos volvamos a ver.

Él se rio.

—Te dejaré el dólar, pero no creo que volvamos a vernos.

Me dio el dólar y salí corriendo en busca de Dutch.

Tenía razón: no me volvió a ver el pelo.

XVII

EL DESTINO
DE UN BUEN SAMARITANO

Fui corriendo hasta el punto de encuentro pero no vi a Dutch por ninguna parte. Transcurrió una hora y mi compañero seguía sin aparecer. Tener que separarse de un camarada es algo que ocurre a menudo en la vida de un vagabundo, teniendo en cuenta las inciertas circunstancias en las que se viaja. Tal vez a Dutch lo había agarrado la policía. Fuera como fuera, Dutch sabía qué tren habíamos decidido coger. Ya aparecería.

Pasaron las horas y durante todo ese tiempo estuve vagando por la plaza. El sol se desplazaba cada vez más hacia el oeste. Al final me fui a la estación y esperé el tren rápido a Virginia, que debía salir a las siete.

La noche cayó suavemente sobre las colinas de Kentucky. Un enorme barco blanco con las luces de todos los camarotes encendidas y reflejándose sobre el agua pasó rumbo a Nueva Orleans. Algunos negros que viajaban en tercera clase iban tumbados sobre cajas y cantaban a coro: poetas oscuros e iletrados, exhaustos de tanto enfrentarse a la vida, navegaban de vuelta a casa para poder descansar en el torrente de sus sueños. Sus bellas voces se deslizaban sobre el agua con una extraña y hermosa cadencia. Resistí por un momento la atracción que el camino ejercía sobre mí y me dediqué a escuchar a aquellos desconocidos trovadores que cantaban para aligerar el peso de sus vidas difíciles y miserables.

> *Oh, mi pobre Nelly Gray, te han llevado, ya no estás,*
> *no veré tu dulce rostro nunca más, nunca más;*
> *te han llevado a Georgia, te han llevado a otro lugar,*
> *tus ojos no verán Kentucky nunca más, nunca más.*

El barco avanzaba y a medida que se alejaba las voces se iban haciendo cada vez más indistinguibles. Finalmente desaparecieron, confundidas con la brisa tibia.

Cuando se extinguieron las luces del barco la gran luz frontal de la locomotora del rápido de Virginia brilló sobre los raíles. Yo desperté del letargo: una vez más era el jinete llamado a llegar a los lugares más distantes y mi caballo de hierro ya resoplaba a lo lejos.

Me subí el cuello del abrigo, me ajusté bien la gorra y esperé con el corazón palpitándome a toda prisa a que se acercara el tren. Tenía la ambición de llegar a Washington, que quedaba a unos seiscientos kilómetros, más o menos a media tarde del día siguiente en aquel rápido de Virginia.

Como la mayoría de las ambiciones, también aquella se revelaría fútil, pero tal vez el traqueteo de las vías, los latigazos del viento y la lluvia, las mezcla asfixiante de cenizas y humo en los túneles me dieron el valor suficiente para superar todas las pruebas que me esperaban y me lanzaron a escribir sin conocer siquiera las mínimas normas de ortografía. La resistencia que adquirí yendo de aquí para allá me permitió soportar muchas jornadas de dieciséis horas pulsando las teclas de la máquina con los toscos dedos del vagabundo y del pugilista.

Años más tarde, cuando se publicó mi primer libro, un escritor famoso hizo notar con elaborada condescendencia lo difícil que es para un vagabundo aprender a escribir. Me hizo sonreír, pero no quise entretener aquel pensamiento porque lo primero que un vagabundo aprende, mucho antes que quienes navegan en aguas más favorables, es a no sentir lástima de sí mismo.

El rápido de Virginia se acercaba a gran velocidad. Corrí junto a uno de aquellos vagones envueltos en humo y subí a bordo. Otro vagabundo subió detrás de mí. Había salido de algún escondite junto a las vías. La locomotora viró e hizo sonar el silbato. Cuando el humo se despejó pude ver el rostro de mi compañero a la luz de las estrellas: era Dutch.

—¿Dónde diablos te habías metido? —le pregunté—. Pensé que te habían pillado.

—A mí no me pilla nadie, viejo. He tenido una racha de buena suerte. Me topé con un borracho, fuimos al Silver Moon y me invitó a comer y a un montón de copas. Luego me lo llevé a un callejón, le pegué un puñetazo y le vacié los bolsillos. Aunque tampoco tenía casi nada: treinta centavos.

—¿Y qué clase de borracho era, Dutch?

—Un limpiabotas más negro que el carbón con la ropa manchada de yeso.

—Qué curiosa es la vida, Dutch: siempre le toca pagar a la buena gente.

—Y que lo digas.

—Ese mismo negro me ha invitado a comer a mí —le conté—, y me ha dado un dólar de plata.

—Maldita sea —dijo Dutch—, sí que ha sido una casualidad.

Me pregunté cómo reaccionaría aquel hombre la próxima vez que un vagabundo le contara sus penas. Quizá lo trataría tan bien como a mí, porque un corazón noble es una herencia tan triste como irrenunciable.

Durante un buen rato, mientras el tren atravesaba Kentucky, me quedé pensando en aquel negro que había sido amable con dos desconocidos y que, a cambio, había acabado molido a golpes en un callejón. Pensé también en los treinta centavos que le había robado Dutch, y de pronto me vino a la mente una espantosa imagen de Judas con sus treinta monedas de plata en la mano. Pero, por extraño que parezca, no le reproché nada a Dutch, ni lo relacioné en absoluto con Judas: la moral del vagabundo es así de extraña y de brutal.

XVIII
UN RÉCORD MUNDIAL

Estuvimos enganchados a aquel rápido de Virginia durante veinticuatro horas. Ascendimos por las montañas Blue Ridge, atravesamos túneles, pasamos junto a numerosas estaciones. Vimos el sol alzarse hasta el meridiano y ponerse por el oeste. Pasamos hambre y sed, pero los trenes rápidos no suelen parar para que los vagabundos coman. Sólo había una manera de llegar a Washington y ésa era aguantar los pinchazos del hambre y seguir subidos en aquel tren. Tampoco era sencillo permanecer en él. Cada vez que hacía una parada nos escondíamos detrás de los vagones o tras los raíles apilados en los cambios de vía. En Clifton Forge, Virginia, nos arrastramos bajo la locomotora para que no nos viera un fogonero que llenaba el tanque de agua. Estábamos retando nada menos que a las fuerzas combinadas de las compañías ferroviarias de Chesapeake y Ohio, y nuestra única manera de vencer era estando permanente e infatigablemente alertas. Los pasajeros que esperaban la llegada de los trenes en las estaciones nos miraban con asombro cuando nos veían pasar agarrados a las escalerillas de hierro.

Las pruebas de resistencia son algo magnífico cuando uno es joven y la sangre aún fluye con rapidez. Hacen falta horas de castigo para que un joven vagabundo se sienta henchido de satisfacción. No había para todo aquello más objetivo que llegar a algún campamento junto a algún arroyo y alardear ante un puñado de vagabundos decrépitos y canosos de que habíamos cruzado en un tren correo, y a través de una de las zonas más pobladas del país, una distancia de casi mil kilómetros. Sabíamos que los hombres menos arrojados de aquella harapienta profesión nos admirarían por la proeza. Es cierto que no obtendríamos de aquello premio alguno, pero nos movía el mismo ímpetu que al resto de la humanidad, sin importar clase o creencia: conseguir la admiración del resto de los humanos, que no son capaces de hacer, o que no se atreven a hacer, o tal vez no son lo bastante estúpidos para hacer, lo que uno ha hecho.

Con las gargantas resecas y las caras cubiertas de hollín llegamos al fin a Alexandria, Virginia, a media tarde del día siguiente. Allí abandonamos aquel tren por razones de seguridad y nos subimos a uno de esos lentos trenes de carga a los que solían llamar «latas» para cruzar el río Potomac y llegar a Capitol City.

Los soldados federales que llegaron a la ciudad luego de pelear en Bull Run no estarían más exhaustos que nosotros. Bajamos del tren y nos metimos en un restaurante barato donde nos dejaron lavarnos con agua fría las caras tostadas por el sol.

El descanso estaba a la vista y el dólar que me había dado el negro bastaría para pagar algo de comer. Nos dirigimos hasta el mostrador de una taberna y nos sentamos en unas banquetas altas. Busqué en mi bolsillo el dólar de plata: había desaparecido. A aquello siguió un silencio mortificante.

—Dutch, he perdido el dólar, ¿tienes tú algo? —pregunté.

—Claro, pelirrojo: me quedan treinta centavos —respondió poniendo las tres monedas sobre el mostrador de madera.

Después de una buena comida salimos para echar un vistazo a la ciudad. Caminamos desde la Casa Blanca, por la avenida Pennsylvania, hasta los escalones del Capitolio.

Al final, cansados de aquel vagabundeo inútil, volvimos al depósito y husmeamos en el interior de un vagón que estaba detenido en una vía lateral. Estaba lleno de heno. Como sólo pensábamos en dormir nos metimos y nos pusimos a roncar… aunque no por mucho tiempo.

Nos despertó un hombre con una linterna en la mano.

—Fuera de aquí —dijo.

Salimos del vagón con los zapatos en la mano. Había dos

policías en la puerta, esperándonos. El hombre nos seguía por detrás con la linterna.

—¡Vaya! —dijo el más alto de los policías—, dos chicos que se han extraviado, ¿no?

Me inventé sobre la marcha un cuento sobre una madre solitaria en una ciudad lejana. Dutch no tenía hogar y lo llevaba conmigo. El trabajo escaseaba en mi ciudad y por esa razón nos dirigíamos a Baltimore a trabajar como remachadores. Me desentendí del hombre de la linterna y del otro policía y me dirigí exclusivamente al que nos había hablado con un vago acento irlandés.

—¿Cuántos años tienes? —preguntó cuando me detuve para recuperar el aliento.

—Quince —contesté.

—Caramba, tengo un chico de tu edad y odiaría saber que anda volando por ahí como un gorrión solitario.

Los tres hombres caminaron a nuestro lado hasta un lugar mejor iluminado y debatieron entre ellos sobre si encerrarnos o dejarnos marchar. De pronto vi claro que el hombre vestido de paisano era un guardia de la compañía ferroviaria. El policía parecía querer dejarnos ir, pero odiaba tener que tomar la iniciativa y le daba miedo que el de la compañía ferroviaria hiciera un informe sobre el caso. Bajo la titilante luz de la calle hice un último intento de conmover el corazón del poli irlandés. Él titubeó un instante y luego se decidió.

—Por lo que a mí concierne podéis seguir rumbo a Baltimore, muchachos —dijo dándose media vuelta junto a su compañero. El de la compañía ferroviaria se fue tras ellos.

Se alejaron unos metros y el irlandés se volvió y nos dijo:

—Si queréis podéis volver a dormir al vagón, no os vamos a hacer nada.

Regresamos al vagón.

—No me ha gustado la mirada del capullo de la compañía ferroviaria —comentó Dutch.

—Qué más da —dije yo—, hoy no nos molestará.

No sé cuánto tiempo llevábamos dormidos cuando nos despertó de nuevo el hombre con la linterna en la mano. Ahora además llevaba un revolver. Nos esposó y nos llevó a la cárcel de la ciudad.

Nos quitaron nuestras pocas pertenencias y las pusieron sobre la mesa del sargento. Consistían en un peine, una navaja y unos pocas pajas que se nos habían metido en los bolsillos. Un policía nos llevó hasta la celda. La puerta se cerró con un sonoro golpe. El policía le puso un candado a la puerta y desapareció por el pasillo tenuemente iluminado. El sonido de sus pasos se fue desvaneciendo y allí nos quedamos, sin más compañía que nuestros pensamientos, hasta el día siguiente.

Me senté en el borde de mi catre de hierro y observé cómo Dutch se quitaba la chaqueta y la enrollaba a modo de almohada asumiendo con despreocupación la tarea de prepararse la cama.

—Espero que al menos aquí me dejen dormir en paz —dijo.

—Por eso no te preocupes —repliqué.

—¿Sabes qué? —dijo—, estoy seguro de que esos capullos se pusieron de acuerdo con el guardia. Nos han tendido una trampa, tan seguro como que todos los polis van al infierno.

—Quizá haya sido el poli irlandés: los irlandeses siempre se traicionan entre ellos —le contesté medio dormido.

—En fin, que se vayan al diablo. No creo que nos cuelguen por esto —añadió Dutch.

Yo me tumbé sobre el catre de hierro y eché un vistazo a las estrellas que se podían ver tras los barrotes pensando en lo que nos depararía el día siguiente.

A nuestro alrededor se oían las pesadas respiraciones de los que estaban en otras celdas. Las camas chirriaban cada vez que sus ocupantes se acomodaban. Al poco rato Dutch se quedó dormido con la conciencia tranquila, a pesar de haberle pegado al negro en aquel callejón.

El sol entró al amanecer a través de los barrotes de aquella prisión sombría y los ocupantes de las distintas celdas le dieron la bienvenida. Uno de los presos dijo en voz alta el tiempo que le faltaba para salir de la cárcel:

—Ya sólo faltan cinco días.

—Ya sólo falta un año —replicó la voz de un negro.

El ritual continuó hasta que todos los prisioneros dijeron el tiempo de prisión que les quedaba.

XIX

EL TRIBUNAL DE CARTÓN

Abrieron las celdas a las siete en punto y nos llevaron, junto a otros prisioneros, hasta unas mesas largas que quedaban al fondo de la cárcel, en las que habían servido un desayuno a base de salchichas, pan de centeno y café aguado. Un preso con una barriga enorme y triple papada se quedó de pie junto a la mesa «para mantener el orden», como él mismo nos advirtió.

Era domingo por la mañana y tal vez por gentileza del presidente Roosevelt, que conocía los rigores de la vida, dejaron abiertas las puertas de las celdas para que los presos pudiéramos tener un poco de vida social.

Los prisioneros se percataron de nuestra presencia y enseguida organizaron un tribunal de cartón.

Se nos acusó de haber ingresado en prisión sin el consentimiento del resto de los reclusos.

Un vagabundo cojo que hacía de alguacil nos llevó frente a «su señoría»: un delincuente decrépito y bigotudo que no paraba de rascarse. Llevaba una camisa a rayas blancas y negras de recluso y tenía el carrillo izquierdo hinchado por el tabaco de mascar. Escupía a cada rato y con gran precisión en una caja de madera llena de serrín. «Su señoría» se limpió los labios con el antebrazo después de escupir y la nuez de su garganta subió y bajó varias veces como si una ranita saltara bajo una manta amarilla.

Nos preguntó de qué estado proveníamos y, al responder que de Ohio, un vagabundo de ese estado se presentó como defensor.

El abogado vagabundo de Ohio se dirigió al juez:

—Me cago en su señoría.

El alguacil de una sola pierna golpeó el suelo con su muleta y gritó:

—¡Silencio! ¡Silencio! Maldita sea, ¡silencio!

El gordo que nos había estado vigilando «para mantener el orden» no paraba de reír a carcajadas. Las tres papadas le temblaban de júbilo.

Yo había oído hablar de los juicios de cartón y sabía que quien era capaz de contar la historia más disparatada conseguía el perdón del tribunal. Un simple alegato de inocencia no se veía con buenos ojos.

Me planté delante de «su señoría».

—Que el acusado haga un relato de su vida en el exterior para que podamos juzgar si es idóneo para vivir entre nosotros. Hable con sencillez y recuerde que este tribunal no tendrá misericordia con la gente miserable.

Escupió de nuevo y la nuez de su garganta se puso a trabajar compulsivamente. Esta vez falló. El aguacil cojo estaba junto a la caja y el escupitajo marrón se deslizó por su muleta con la misma lentitud que la savia por el tronco de un arce.

—Mierda, su señoría: apunte bien —replicó provocando la carcajada de todo el tribunal.

—Orden en la sala —gritó el juez.

—Prosigamos —añadió «su señoría»—. Se le acusa de ir por ahí haciendo de vocero de Dios cuando hay tantos niños que se mueren de hambre.

—Eso no es cierto, señoría —dijo mi abogado—. Su historial es tan limpio como un negro en una mina de carbón. No es un hombre honrado; no, señor. Es capaz de volver locas a las muchachas más sosas. Dirige una escuela de leyes. Su hermano es «perversor», ¡es mentira que sea cura! Es cierto que es lo bastante tonto como para trabajar para ganarse la vida, pero aun así, señoría, tiene las manos curtidas de tanto tocarle el culo a las mujeres: no se le puede reprochar nada.

Lo interrumpió el fiscal. Llevaba la camisa abierta y una gran masa de pelo le asomaba por el pecho. Tenía una marca de nacimiento roja en la mejilla derecha y una cicatriz en la sien. Era inmensamente ancho e inmensamente bajo. Tenía rota una de las perneras del pantalón, como si la hubiese mordido un perro, y la otra era demasiado larga y la llevaba doblada varias veces sobre el zapato, que estaba roto en la parte de arriba. Sus manos eran de color marrón oscuro y cuando las cerraba parecían dos mazas adosadas a unos brazos peludos.

—Por Dios santo, su «fechoría», todo esto es intolerable —dijo—. Ese chofer de ambulancia tiene intención de hacer pasar a este chico por un santo. Este chico es una nena, va a catequesis todos los domingos.

—Su señoría, la falsedad de lo que ha dicho el fiscal es «inevidiente» para todos —replicó el abogado de Ohio—. Este muchacho es un pillo, un villano. ¿Cómo si no habría podido dormir en un vagón de tren con el Flaco Smith? ¿De dónde si no le viene el mote de Rojo Dientón? No me parece que haya muchos catequistas pasando la noche en vagones de tren con el Flaco Smith, ¿no lo cree así, señoría?

—¿Cómo diablos quieres que lo sepa? —interrumpió «su señoría» escupiendo al mismo tiempo—. Como me haga otra pregunta de ese estilo lo acusaré de desacato al tribunal. Se está pasando con las confianzas: yo no duermo en vagones de tren con vagabundos desconocidos. —El fiscal se volvió a rascar—. ¡Silencio! —gritó el juez—. Alguacil, este hombre ser está rascando delante del tribunal: eso es una falta de respeto a mis «perrogativas» judiciales. Ordeno que le multen de inmediato.

—¿Cuánto es la multa, su señoría? —preguntó el alguacil.

—Diez centavos y ese peine que lleva en el bolsillo. —El alguacil recogió la multa y se la llevó al juez, que cogió los diez centavos y añadió—: Esto para los costes del juicio. Que hiervan el peine y lo dejen secando seis días: no se puede tener consideración con los piojos. Póngalo sobre aquella mesa, sargento.

El fiscal y el defensor siguieron exponiendo sus argumentos, cada vez más absurdos. Cuando terminaron, el juez me pidió que me acercara y me dijo:

—Muchacho, no creo en ninguno de los cargos que hay en tu contra: para mí que eres un vagabundo hecho y derecho. Sin duda te has zampado vivo a más de uno: eres más bruto que un buitre de la selva. En mi opinión, vas bien. No des mucho la lata y en un par de años serás de nuevo un vagabundo libre.

»No hagas caso a los que te digan que estás desperdiciando tu vida: sólo quieren engañarte. Sin duda tienes mucho que aprender, pero no les hagas caso. Te dirán que estás en peligro, que podrías ser enterrador en un cementerio de pobres, que podrías lavarle los dientes a los leones en el zoo o alistarte en el ejército, que podrías ser marinero o capitán, pero entonces sí que estarías en peligro, y pareces demasiado listo para ponerte en una situación así.

»Me inclino a "absorverte" del cargo de irrumpir en esta cárcel sin autorización porque en toda mi inhumanidad soy de la opinión de que no existe ni siquiera un congresista o un censor lo bastante estúpido como para hacer semejante cosa, o al menos no existe ninguno que haya vivido lo suficiente en esta ciudad. Pero creo que me corresponde la pesada tarea de decirte todas estas cosas. Todavía eres joven, el mundo te pisa los talones y está más que dispuesto a darte una buena paliza. Lo mejor que puedes hacer ahora es relajarte y empezar a endurecer las partes de tu cuerpo que aún sean blandas para que luego no te duelan los golpes. Eso es al menos lo que hacen todos los hombres de negocios, y sólo cuando se hartan de darle trabajo a otros empiezan a comportarse como verdaderos hombres de negocios.

»Yo creo que tienes madera para convertirte en un buen vagabundo: es evidente por el aspecto que tienes. Con un poco menos de cerebro hasta te podríamos vender al zoo de Nueva York. Barnum tenía razón cuando dijo aquello de que ciertas personas provienen de los monos, muchacho, pero antes de convertirte en mono todavía tienes que evolucionar. Los monos son inteligentes, mucho más inteligentes que los polis y los políticos del partido Demócrata.

»No pienso dictarte una sentencia muy dura, muchacho. Seré amable contigo. Seré tu Oscar Wilde y te diré cosas "monitas". Saldremos juntos de paseo y nos iremos al burdel, pero antes tendrás que cumplir tu sentencia —echó un vistazo a la sala y continuó—: te sentencio a que te hagas cargo de las estancias de este juez, limpies su celda todas las mañanas y hagas la cama en la que reposa.

A continuación llevaron a Dutch frente al juez.

El alguacil pidió silencio dando golpes con la muleta mientras los abogados se ponían uno a cada lado.

—Señoría —comenzó el abogado de la defensa—, el *acusado* es un soplón de primera, un hombre que les cuenta mentiras a los policías para que se echen encima de sus colegas…

—No es un soplón —interrumpió el fiscal—: es un honesto peón de albañil. Fíjense en esos hombros y en esa cabeza… parece una bola de cañón…

—Abogado —intervino el juez mirando con asombro al abogado defensor—, le advierto que de ahora en adelante se cuide mucho de usar delante de este tribunal la palabra «escusado». Éste es un tribunal y no un aseo; de otro modo este juez no estaría juzgando a gente que no ha sido tan cuidadosa como este juez.

Dutch estaba en pie con las manos a la espalda, riéndose a carcajadas.

—Alguacil —dijo el juez frunciendo el ceño y adquiriendo un aspecto importante —, ¿qué cargos se le imputan a este joven?

—Se le acusa de soplón, señoría —dijo el alguacil—, y también de querer entrar en la cárcel sin permiso.

—Pues lo declaro culpable de ambos cargos —dijo el juez—: lo sentencio a que entregue todo lo que posea y barra la cárcel todas las mañanas.

El alguacil registró los bolsillos de Dutch.

—No lleva nada encima, señoría.

—¿Dónde están tus cosas? —preguntó el juez.

—En la mesa del sargento —respondió Dutch.

—En ese caso nunca las recuperaremos —dijo el juez—. Lo condeno a barrer la cárcel dos veces al día.

El alguacil se balanceó un par de veces con su muleta y desapareció sólo para volver poco después con una escoba de paja que le pasó a Dutch. Tenía las cerdas negras del uso. Dutch se puso a barrer furiosamente en el mismo lugar en el que se encontraba. Levantó una nube de polvo bajo la delicada nariz del juez y lo hizo toser. El fiscal llevó a Dutch hasta la parte más alejada de la sala, donde de nuevo se puso muy diligentemente a cumplir con su condena.

—En tú, deja de barrer hasta que este juez consiga respirar de nuevo —gritó el juez.

—¡El tribunal se retira! —gritó el alguacil, y los miembros del tribunal, riéndose, se fueron reuniendo en pequeños grupos en el interior de algunas celdas y se pusieron a hablar de trenes, de estafas y de boquitas pintadas a las que habían conocido cuando vivían en libertad.

XX
UNA ALOCADA TRAVESÍA

Nos presentaron ante un juez de verdad la mañana del lunes, acusados de vagancia. El hombre que nos arrestó estaba allí para explicar por qué nos había detenido.

Dutch y yo acordamos previamente que yo sería el que presentara el caso ante el juez.

Su señoría se restregó la cara y luego miró hacia la sala con ese gesto de aburrimiento que suelen poner los jueces cuando llevan años juzgando las chapuceras, insignificantes, desastradas y torpes ruindades de esta vida.

Ni siquiera se nos concedió el honor de estar solos: en la sala había al menos tres docenas de acusados de otros delitos. Estábamos sentados todos juntos, algunos con aspecto desafiante, otros asustados y algunos tan aburridos como el juez.

Un morfinómano temblaba y se retorcía a mi lado en el banco.

—No me van a encerrar —dijo en voz alta—: mi padre es ministro de guerra. Si me encierran traerá un barco de guerra y atacará la ciudad. —Un martillo golpeó la madera y una voz gritó «¡Orden en la sala!». El morfinómano se calló al instante. Tenía los labios temblorosos y miraba fijamente al frente, como corresponde al hijo de un político imaginario—. Dios —murmuró para sí—, ojalá estuviera papá.

Finalmente nos tocó el turno de comparecer. Nos acercamos al estrado. El juez nos prestó la misma atención que le habría dedicado a unas hormiguitas en el bosque. Estaba claro que no le pagaban lo suficiente como para ser demasiado imaginativo y no tenía tiempo para detenerse a pensar en el cúmulo de circunstancias que habían provocado que acabáramos frente a él. Sólo había una cosa que me daba un poco de esperanza: un carterista me había asegurado en la celda que las cárceles del distrito estaban llenas y que si le presentaba mi caso con un poco de labia lo más probable es que su señoría lo desestimara.

El guardia de la compañía ferroviaria explicó en detalle cómo nos había encontrado roncando en un vagón vacío. Estaba de pie junto a mí. Sus ojos parecían dos pequeños abalorios negros; colgaban muy cerca de su protuberante nariz aguileña. Le dijo al juez que últimamente se habían forzado muchos vagones y que la compañía pedía la colaboración del juez para poner fin a ese abuso.

Cuando terminó de hablar, el juez asintió y yo hablé en nuestra defensa. Hacía poco había habido un incendio en Baltimore y aquel desastre dio alas a mi imaginación. Resultaba que éramos remachadores y nos dirigíamos a aquella ciudad a sabiendas de que nuestro trabajo se necesitaba más que nunca. Habíamos partido hacia allí sin que nos importara nada más que llegar, así que nos habíamos quedado sin dinero en Chicago y nos habíamos visto obligados a mendigar. Me inventé una alocada travesía a través de las montañas y conté que nos habíamos subido a un tren en Cincinnati. El juez me escuchó quizá un poco menos aburrido, pero con evidente expresión de incredulidad. Miró la pequeña maza que tenía en la mano, luego hacia la sala y finalmente a nosotros.

—Muchachos, os doy hasta mañana para abandonar la ciudad. Caso desestimado. El siguiente.

Siguieron unas horas bastante agradables en un lento tren de carga que recorría los cincuenta y tantos kilómetros que nos separaban de Baltimore. Incluso nos dimos tiempo para pedirle de comer a unos marineros en la bahía Chesapeake.

Un policía ferroviario nos intentó cazar en Wilmington y en nuestro afán por dejarlo con las ganas me tropecé con una traviesa y por poco no sigo rodando hasta Filadelfia.

Las carcajadas de Dutch habrían podido oírse por encima del ruido de un tren de pasajeros.

—No te rías, idiota —le exigí.

—¿Disculpa? —replicó—, no te he oído porque estoy muerto de risa.

Llegamos a Filadelfia a primera hora de la mañana y nos pusimos a recorrer la ciudad con toda calma. Todas las calles eran iguales, como si las hubiese diseñado el mismo cerebro. Los edificios de ladrillo rojo con los escalones blancos en la puerta se sucedían uno tras otro bajo la primera luz de la mañana. Todos los edificios tenían contraventanas verdes en cuya cara interior —como descubrimos más tarde— había espejos para ver desde dentro de las casas lo que sucedía en la calle.

En todas las puertas había botellas de leche, periódicos y hasta barras de pan.

La leche era muy tentadora. Dutch cogió una botella de una puerta y yo cogí otra de la siguiente. Dutch cogió también una barra de pan y un periódico. Cuando nos alejábamos a toda prisa oímos que alguien gritaba: «¡Eh, vosotros!». Miramos hacia arriba y vimos a un hombre asomado a la ventana de un segundo piso. El espejo de su contraventana apuntaba hacia la puerta principal. Nos echamos a correr y doblamos la primera esquina.

Había dos policías apoyados en un poste y Dutch se estampó contra uno de ellos. Se escuchó un quejido y el celoso guardián de la ley cayó al suelo cogiéndose la barriga. La botella de leche se rompió contra el suelo y el líquido manchó de blanco los pantalones azules y los zapatos negros del otro policía. Dutch también se fue al suelo, pero en ningún momento soltó la barra de pan. Yo continué mi huida, pero pronto oí unos pasos que se aproximaban por detrás. Tuve la impresión de que en cualquier momento sentiría las garras del poli en el cuello del abrigo, pero de pronto vi pasar una sombra a mi lado.

—¡Vamos! —gritó Dutch—. ¡Sígueme!

Avergonzado, hice lo que pude para alcanzar a aquel holandés patizambo.

Llevaba la barra de pan aplastada bajo el brazo y el periódico arrugado en la mano derecha. Había perdido la gorra y el pelo rubio ondeaba en su gran cabeza.

El papel que tapaba mi botella de leche se salió de pronto y tuve que ponerle la mano encima para que la leche no se derramara. Dutch se metió en un callejón y yo fui tras él. Nos detuvimos jadeando y empezamos a reír.

—Ese tonto habrá creído que lo embestía un elefante —dijo Dutch.

Nos comimos el pan y corrimos hacia el ferrocarril de Pennsylvania. Después de un buen rato apareció un tren de mercancías y saltamos al interior de un vagón de carbón vacío. Nos sentamos en el vagón y mientras el tren avanzaba renqueante empezamos a preocuparnos por el puente que estábamos a punto de cruzar: Trenton, a medio camino entre Nueva York y Filadelfia, tenía fama de ser una ciudad «hostil». Habíamos oído muchas historias sobre cierto guardia de Trenton: le había dado una paliza a un vagabundo hasta dejarlo inconsciente.

El sol entraba en el vagón vacío y como estábamos agotados de las preocupaciones del camino nos adormilamos y nos quedamos dormidos.

Nos despertamos a media tarde y comprobamos que el tren estaba parado. Un chico pasó junto al vagón y Dutch lo llamó para que se acercara.

—Eh, chico, ¿dónde estamos?

—En Newark —respondió.

—¡Dios! —dijo Dutch aliviado—: hemos cruzado Trenton durmiendo.

Nos bajamos del tren en el depósito de Jersey City y al fin llegamos a Nueva York. El sol estaba poniéndose.

Nueva York había sido nuestro objetivo desde el principio, pero cuando llegamos allí decidimos sin más seguir hasta New Haven, Connecticut. Un vagabundo le había contado a Dutch que los estudiantes de Yale solían deshacerse de buenos trajes.

Nos pusimos a soñar con la ropa nueva y la generosidad de

los estudiantes de Yale. Por aquella época estaba convencido de que todos los estudiantes eran hijos de potentados. Mendigamos algo de comer y el precio de los billetes a New Rochelle. Ya allí, y sintiendo el hambre de aquel día que llegaba a su fin, esperamos al tren de mercancías en la línea ferroviaria de Nueva York, New Haven y Hartford.

Mientras esperábamos se unió a nosotros otro joven vagabundo. Iba rumbo a un pueblo en Rhode Island en el que había una feria.

En vez de esperar el tren de carga, caminamos hacia el depósito con aquel buscavidas y nos subimos a un tren correo que se dirigía a Boston.

Llegamos a Kingston, Rhode Island, a primera hora de la mañana y desayunamos a expensas de nuestro compañero en un sucio restaurante cerca del depósito.

Antes de que los nativos llegaran a las casetas de la feria nos aseguramos de conseguir un empleo. Un joven de Nueva York, que había conseguido un permiso para poner una de esas casetas de «quien gana, pierde», nos contrató como «animadores».

El juego consistía en una especie de baúl alargado que se apoyaba sobre un trípode igual que una cámara. Dentro había pequeñas canicas que bajaban por un bosque de clavijas de acero y los jugadores apostaban sobre qué canicas iban a acabar cayendo en cada uno de los agujeros de colores. El joven lo controlaba todo con una palanca y de algún modo las canicas nunca caían en los agujeros por los que apostaban los jugadores.

Cada uno de los «animadores» tenía cinco dólares para apostar. Cuando los locales nos veían ganar dinero se animaban a apostar ellos también. Después de ganar durante un rato nos retirábamos y un cómplice nos buscaba para que lo devolviéramos.

Un joven granjero llegó a perder veintisiete dólares y con más coraje que prudencia le pegó un puñetazo en la mandíbula al joven de Nueva York.

Nuestro jefe salió de detrás del artilugio con la amabilidad de un dependiente que quiere enseñarle unos lazos a una novia y en un dos por tres noqueó al granjero.

Se generó un revuelo. Un cómplice cerró el artilugio y se lo llevó. Yo me preparé para la pelea, pero Dutch se mostró más cauto.

—Ésta no es nuestra guerra —dijo—, larguémonos de aquí.

Me quedaban tres dólares que no había apostado y a Dutch, cuatro. Teníamos tanta prisa por largarnos de allí que olvidamos devolverle el dinero a aquel joven capaz de mover los puños con tanta destreza.

Aquella misma tarde nos metimos en un tren en dirección a New Haven.

El buscavidas del día anterior nos había advertido que New Haven no era un lugar seguro para unos vagabundos.

—Hay un guardia gigantón que además tiene un enorme san bernardo. Todas las tardes inspecciona los trenes que llegan. Si saltáis de un lado estará el perro y si saltáis del otro os encontraréis con el tipo.

Nos habíamos subido al techo del tren la noche antes de que partiera y permanecido en silencio durante todo el tiempo que estuvo detenido en la estación de aquel pueblo universitario.[1] El tren y la noche siguiente llegaron al unísono a New Haven. Bajamos del tren a toda prisa y lo rodeamos para llegar al otro lado de la estación. Allí esperamos a que el tren partiera nuevamente.

Cuando comenzó a echar vapor corrimos hacia la locomotora, pero una voz gritó: «¡Alto ahí!».

Me agaché y seguí corriendo. Un perro corría ladrando hacia las vías. Era tan grande como una vaca. Sentí que una mano me agarraba el abrigo por detrás. Me lo quité a toda prisa y me

[1] El campus principal de la Universidad de Rhode Island se encuentra precisamente en Kingston.

agarré a la escalerilla del vagón. Un hombre cayó rodando con mi abrigo en las manos. El perro no paraba de ladrar. La locomotora silbó y empezó a frenar. Durante un momento angustiante pensé que el tren se iba a detener. Todo pasó muy rápido. Miré hacia atrás y vi a Dutch corriendo a toda prisa, perseguido por el perro. El hombre agarró a Dutch.

Yo me subí al techo del tren correo y avancé a cuatro patas hasta llegar al furgón de cola mientras el tren abandonaba el depósito.

Desde allí pude ver a dos hombres, al perro y a Dutch. El tren, que durante unos instantes había aminorado la velocidad para dar oportunidad a los guardias de hacer un registro, volvió a acelerar.

Me encontré con Dutch meses más tarde. Había tenido que pasar noventa días en New Haven como huésped de la ciudad. Le dieron un traje nuevo, pero no se lo regaló ningún estudiante de Yale: estuvo tres meses trabajando en una cantera.

Continué el viaje solo. Los pensamientos se sucedían en mi cabeza tan rápidos como las ruedas del tren. En lo alto brillaban las estrellas, sitiadas por un batallón de nubes. Me aferré a la tubería que recorría el techo mientras veía los vagones avanzar envueltos en humo. La luz deslumbrante de un rayo atravesó las nubes seguida de un estruendo semejante a un choque de trenes.

Ajeno a todo, salvo a la rara y salvaje belleza de la escena, me di la vuelta para contemplar el cielo. Ahí estaba yo, un irlandés buscavidas. Las gotas de lluvia caían sobre el techo como perlas rotas. El viento golpeaba el tren a medida que éste se adentraba en la noche oscura y húmeda como un dragón que huye despavorido. Un nuevo rayo partió el cielo y tiñó de verde el techo del tren. Avancé como pude, en cuatro patas, bajo la lluvia. El tren dio una sacudida y estuvo a punto de tirarme, pero conseguí agarrarme a la tubería. Me quedé inmóvil. Durante un buen rato no amainaron ni la lluvia ni el viento. Mientras estaba allí tendido, agarrándome a la tubería con las manos doloridas y sintiendo el viento agitar mi camisa como un látigo, eché de menos el abrigo que me había arrebatado aquel gigante.

Dejó de llover. Las nubes parecían más blancas y pasaban a toda prisa, hinchadas como velas. Se abrieron un instante y pude ver las estrellas flotando en un océano negro, pero pronto el cielo volvió a encapotarse.

Como prefería recibir los latigazos de la lluvia antes que arrastrarme por el techo resbaladizo de aquel tren que viajaba a toda velocidad, no me moví.

Bajo la lluvia, el tren pasó por un pequeño pueblo. La locomotora chirrió al cambiar de vía y un segundo después ya estábamos de nuevo en campo abierto.

El aire frío me había entumecido los músculos y el estupor me nublaba la mente. Si continué luchando fue por mero instinto de supervivencia. Di unos cuantos puñetazos al techo del vagón para recobrar la circulación sanguínea. Me golpeé la frente con la mano que me quedaba libre y sacudí violentamente la cabeza como hacen los boxeadores para recuperarse luego de un fuerte golpe. Ansiaba que el tren parara de una vez. Pensé en un colega del que me contaron que había muerto en el techo de un tren cuando éste atravesó un túnel muy estrecho. El golpe le destrozó el cráneo y lo lanzó hasta ese olvido donde acaban por igual los reyes y los mendigos.

Tenía la mente repleta de fantasías grotescas y la lluvia no paraba de caer. El agua me había calado la gorra y el pelo se me pegaba a la cabeza como un trapo mojado.

El tren seguía avanzando, pero apenas podía escuchar ya el silbato de la locomotora sobre el chirrido de los vagones, el rugido del viento y el salvaje golpeteo de la lluvia.

Aparecieron al fin los iluminados límites de un pueblo. El tren aminoró la velocidad y se detuvo junto a unos raíles de acero que brillaban en medio de aquella noche lluviosa.

Descendí por la parte trasera del vagón de cola con las manos y el cuerpo doloridos.

Me alejé lentamente del tren y llegué a un cobertizo abandonado con el suelo cubierto de periódicos viejos. Me quité la ropa, me froté el cuerpo con vigor y a continuación me sequé con los periódicos.

Enseguida me quedé dormido en el suelo. Cuando amaneció mi ropa estaba casi seca.

Mendigué un abrigo varias tallas más grande que la mía y me fui a Nueva York con lo que me había quedado del dinero del estafador de la feria.

XXI

CAMBIO DE VÍA

Durante un par de semanas estuve en Nueva York viviendo como un pájaro, aunque no tan despreocupadamente. De cuando en cuando maldecía el espíritu viajero que me había llevado hasta allí, pero en el fondo me sentía agradecido por tener una libertad que habría sido imposible en una fábrica, por ejemplo, o en cualquier otro de los trabajos que el destino deparaba a los que eran como yo.

Siguió una larga etapa de sufrimiento en el centro del país.

La nieve caía sobre un depósito de agua en Cairo, ciudad que limita con los estados de Missouri, Kentucky e Illinois. Había allí unos treinta buscavidas pobres como palomas. Algunos grababan sus nombres en los postes pintados de rojo, otros planeaban viajes sin fin, otros leían periódicos viejos y revistas amarillentas porque la actualidad no tiene valor para un vagabundo, como tampoco lo tiene el día de la semana o del mes.

Yo viajaba solo y esperaba un tren correo que se suponía que tenía que parar a cargar agua. La experiencia me indicaba que era imposible que tanta gente se subiera al mismo tren con dirección al Sur, de modo que caminé en sentido contrario calculando el largo del tren con intención de colarme en el último vagón. Planeaba llegar al menos hasta Memphis.

La luz de la locomotora brilló sobre las vías; luego el tren pasó a mi lado y se detuvo para repostar agua. Vi que uno de los tripulantes abandonaba el vagón de cola y, cuando se había alejado unos cien metros, me encaramé al techo del tren.

Los techos de los trenes correo y de pasajeros están un poco inclinados, así que se precisan unos nervios de acero y mucha experiencia para poder caminar sobre ellos sin caerse.

En comparación, una barca en medio de una tormenta equivale a una ancha acera adoquinada.

El tren comenzó a avanzar lentamente en medio de un griterío: la tripulación estaba en plena batalla con los vagabundos. Cuando el vagón de cola pasó junto al depósito pude ver a un gran grupo de buscavidas contemplar desanimados cómo se alejaba el tren. Confiando en que no pasaríamos por túneles o puentes demasiado bajos, me arrastré lentamente por el techo del tren hasta llegar al primer vagón. Desde allí salté al ténder del carbón y me dediqué a contemplar los cambios del paisaje sentado en una caja de herramientas vacía.

Llegamos a Fulton sin mayor problema. Bajé confiado y me escondí lo mejor que pude detrás de un poste. Cuando el tren reemprendió la marcha vi a dos hombres subir al primer vagón. La seguridad de sus movimientos me indicó enseguida que eran guardias de la compañía ferroviaria. Comenzaba a nevar. Como no tenía ganas de arrastrarme otra vez por el techo del tren ni de morir de frío, me quedé allí, contemplando cómo el tren se alejaba camino de Tennessee.

Una hora más tarde, como es costumbre, llegó a la estación un tren de mercancías. Me pregunté si aquellos dos tipos estarían en algún lugar próximo esperando para revisar también ese tren. Como las posibilidades de colarse en un mercancías eran de veinte a una con respecto a un tren correo me decidí a intentarlo, confiando en tomar desprevenidos a aquellos dos guardias.

Procurando no ser descubierto, subí al tren. Hacía demasiado frío como para que los tripulantes quisieran salir al aire libre, de modo que me propuse permanecer fuera mientras éste estuviera en movimiento. Sin embargo, después de pasar un rato sentado en uno de los parachoques subí al techo y probé a abrir alguna de las escotillas. Por fin, después de mucho intentar, encontré una que no estaba cerrada.

La abrí y vi que el vagón estaba vacío. Me metí y quemé unos cuantos periódicos para subir la temperatura.

Un poco inquieto pensé en el destino que me esperaba si al guardafrenos le daba por cerrar la escotilla. Entretuve esos agradables pensamientos durante un rato y finalmente me quedé dormido.

Cuando desperté y me asomé al exterior del vagón me sentí aliviado: el día estaba en su esplendor. La nieve se había derretido y los techos lucían cubiertos de ceniza de la máquina. Salí y volví a sentarme en un parachoques. El tren siguió su camino y poco después llegamos a Memphis.

El viento del sur, húmedo y frío, se le metía a uno en los huesos. Apenas podía pensar en otra cosa que en tomarme una taza de café caliente, de modo que entré en un restaurante griego dispuesto a poner en práctica un viejo truco. Los griegos no son precisamente amables con los vagabundos, pero me proponía conseguir que alguno de los comensales me invitara a desayunar.

En cuanto asomé la nariz el dueño me pidió a toda voz que me fuera, lo que llamó la atención de un tipo de mirada vidriosa que estaba sentado en la barra con la barbilla manchada de yema de huevo. Los jóvenes vagabundos saben de sobra que cuarenta y nueve de cada cincuenta borrachos están dispuestos a pagarles la comida. Si en el mundo sólo hubiera borrachos los vagabundos serían los dueños.

Ignorando al patrón, fui al encuentro de aquel borrachín que parecía un tanto corto de entendederas. Después de escucharme un instante me preguntó:

—¿Qué quieres comer?

Un camarero griego se acercó a nosotros.

—Huevos con jamón —respondí.

El borracho se puso a hablar y yo puse cara de estar escuchando atentamente: al fin y al cabo él pagaría mi comida. Le dije que sí a todo y me maravillé ante la sabiduría de sus palabras pensando en que me acabaría dando al menos un dólar, pero después de una hora de escuchar su monólogo sensiblero aquel borracho canalla sólo me dio veinticinco centavos.

Me despedí indignado, salí del lugar y me dirigí al cruce de vías. Los trenes de carga no suelen parar allí a menos que suceda un imprevisto. Reanimado por la comida y la bebida, me sentía capaz de cualquier cosa. En cuanto llegué divisé a un hombre sentado a solas en la caseta de palancas y enseguida subí las escaleras hasta donde estaba.

Es más difícil ver a un vagabundo en un puesto de enclavamiento que a un predicador en el cielo, pero ahí estaba yo. Con la presteza que enseña el camino busqué hacerme amigo de aquel hombre.

El tipo pertenecía a la especie de lo que están obsesionados con hacerles ver la luz a sus semejantes y yo era un joven pecador lejos de su hogar. Mientras escuchaba sus exhortaciones me quedé mirando las palancas de los cambios de vía y me di cuenta de que no todos se controlaban desde ahí: cerca de la vía principal tenía que haber un desvío manual.

La noche cayó de pronto, sin transición.

La luz de la locomotora brilló a un kilómetro de distancia y el semáforo le dio paso libre. Se acercaba a toda prisa. Yo sabía que sería imposible subirme a aquel tren a la velocidad a la que venía, así que le dije adiós fríamente a aquel tipo y bajé las escaleras. Aceché en la oscuridad durante unos segundos y enseguida me abalancé sobre la palanca del desvío.

Un montón de sombras se agitaron en la oscuridad. El guardagujas bajó a toda prisa ante la amenaza. En cuanto puse la mano sobre la palanca, un poderoso brazo me arrastró hacia atrás. El guardagujas se abalanzó sobre mí, pero recibió un puñetazo en la mandíbula. Cayó al suelo y se quedó inmóvil.

XXII

INCENDIO

Las sombras se escabulleron en la oscuridad y yo corrí tras ellas.

El aire se colmó de chirridos. Maquinista y fogonero se asomaron por las ventanillas del tren mientras un guardafrenos hacía lo propio agarrado a la escalerilla de la locomotora. La lámpara del tren se sacudió furiosamente cuando éste tomó la vía lateral.

La tripulación salió del tren y corrió hacia la locomotora mientras, rodeado de sombras, yo me deslizaba en sentido contrario evitando ser visto. Hablaban nerviosamente entre ellos. En medio de la oscuridad se oyó una voz áspera:

—¿Quién demonios ha accionado esa palanca?

Yo y otros muchos nos agolpamos cerca de un vagón. Alguien abrió sigilosamente una de las puertas correderas y dieciocho personas nos arrastramos al interior. Cerramos la puerta y echamos la trabilla.

Uno de los vagabundos encendió una cerilla, pero alguien se la apagó de un manotazo.

—Van a ver la luz, imbécil —susurró otro.

Se produjo una calma nerviosa. Alguien pisó unos papeles haciendo ruido.

—Shhh —susurró alguien.

Podíamos oír los latidos de nuestros propios corazones. Sonaron unos pasos al otro lado y alguien trató de abrir la puerta, pero no lo consiguió. Oímos una voz que decía:

—Me gustaría ponerle la mano encima a la rata que ha accionado la palanca.

Tras un intervalo que me pareció interminable el tren reanudó su marcha. Nadie se movió hasta que el ruido del traqueteo se impuso al resto de los sonidos del exterior. Se encendieron cerillas para prender cigarrillos y pipas y el humo emborronó los rostros barbados del más abigarrado grupo de vagabundos que jamás se haya visto en un tren de carga.

Al poco rato el vagón estaba inundado de un humo más denso que una niebla marina. El olor de los desaseados cuerpos de los vagabundos copaba aquel vagón sin aire. Alguien abrió la puerta.

Una brisa fresca se abrió paso. Volvieron a cerrar la puerta. Algunos se pusieron a toser y la puerta se abrió de nuevo.

Uno de los vagabundos echó un vistazo. Se podía ver una luz procedente de la locomotora porque el fogonero había abierto la caldera para echar más carbón.

—Estamos sobre un pantano enorme —dijo el vagabundo—; abarca varios kilómetros y es más profundo que el infierno. He pasado antes por aquí.

Otra luz iluminó unos juncos que se movían con la brisa helada.

La temperatura bajó más todavía. El viento soplaba sobre el pantano y luego se nos metía en el cuerpo. Cerraron la puerta una vez más y el aire viciado hizo casi imposible respirar.

—Abrid un poco. Haremos un fuego. Es preferible morir quemados que congelados.

Miré al que había hablado y lo relacioné vagamente con el responsable del puñetazo que había noqueado al guardagujas.

Era muy corpulento. Tenía las manos grandes como jamones y unos brazos que casi le llegaban hasta las rodillas. Su rostro, que alguna vez debió de ser apuesto, tenía una expresión feroz. Apenas tenía labios y las comisuras de su boca se curvaban levemente hacia abajo; tenía los ojos inyectados en sangre y los párpados enrojecidos. El pelo le caía en mechones desordenados sobre el cuello y las orejas. Su abrigo estaba cubierto de cicatrices y se había rasgado por los sobacos. Llevaba un cigarrillo encendido en los labios. El labio superior parecía no tocar el cigarrillo que colgaba hacia abajo amenazando con chamuscar la maraña roja de la barba.

El ancho y tostado cuello hacía destacar unas orejas extrañamente blancas rodeadas de una mata de pelo rojo.

Había una gran determinación en su actitud. Parecía dominar la situación. Yo lo observaba fascinado, como buen amante de la fuerza bruta.

—¿Quién es ése? —le pregunté al vagabundo que estaba a mi lado.

—Oklahoma Red —respondió y luego, más bajo, casi en un susurro, añadió—: n-o e-s m-u-y b-u-e-n t-i-p-o.

—Dos de vosotros, venid conmigo —dijo Red—: traeremos algo de madera.

Se puso en pie de un salto, se acercó a la puerta y aferró con las manazas el techo del vagón. Se balanceó para trepar al techo mostrando los rotos de los sobacos. A continuación sus pasos se oyeron sobre nuestras cabezas.

Dos hombres lo siguieron y al poco rato vimos caer unas cuantas cajas y cartones. Los tres volvieron al vagón.

Enseguida encendieron una fogata. Los hombres se apiñaron alrededor y a medida que se iban descongelando sus cuerpos también lo hicieron sus lenguas. Uno se asomó por la puerta y dijo.

—No vamos a salir jamás de este maldito pantano.

El resto siguió charlando animadamente sin percatarse de que el fuego iba devorando una parte del suelo y lanzaba brasas sobre la vía.

En la otra punta del vagón encendieron otra fogata sobre una gran mancha de aceite.

—Cuidado, que no se nos vaya de las manos —dijo uno de los vagabundos.

—Me importa un comino —replicó Oklahoma Red—: si el tren entero se incendia nos iremos al vagón de cola.

—Así se habla —dijo un hombre al que le faltaba una pierna y que todos llamaban Pata de Palo.

El fuego comenzó a expandirse por el suelo y por una de las paredes del vagón.

—¡Sí! ¡Quemémoslo de una vez! —gritó una voz.

El fuego alcanzó la puerta.

—Empieza a hacer calor —dijo Pata de Palo.

El silbato anunció que nos acercábamos a una estación y todo el mundo se puso alerta. Red abrió otra puerta, lo que avivó aún más las llamas. Salió del vagón seguido por el resto, yo incluido. Pata de palo se movía con gran agilidad pese a tener que ayudarse de una muleta.

Las llamas iluminaban el paisaje cuando saltamos del tren. A medida que se alejaba la oscuridad fue engulléndolo todo nuevamente. Nos quedamos quietos hasta que pasó el vagón de cola. A continuación nos adentramos en el campo y, a la distancia, vimos cómo el tren se detenía en el pueblo.

La locomotora pitó violentamente y un montón de luces salieron corriendo en dirección al vagón en llamas. Lo desengancharon del tren a toda prisa y lo situaron sobre una vía lateral. Desde donde estábamos podíamos oír claramente los gritos de los que intentaban sofocar el fuego. Poco después el techo del vagón se desplomó con enorme estruendo.

Algunos vagabundos se negaron a regresar al tren, así que nos separamos.

Oklahoma Red, Pata de Palo, otros dos vagabundos y yo teníamos intención de seguir hasta Little Rock, así que caminamos a toda prisa en dirección al tren. Pata de Palo siguió al resto sin aparente dificultad.

—¿Crees que podrás subirte? —le preguntó otro vagabundo.

—Claro que sí —replicó Pata de Palo al instante—: soy capaz de subirme a un tren a treinta kilómetros por hora.

Saltar a un tren en movimiento no es fácil ni siquiera para los jóvenes y sanos, así que dudamos de las palabras de aquel cojo cincuentón.

Sabíamos bien que después del incendio la tripulación del

tren estaría a la caza de vagabundos, así que nos situamos lo bastante lejos como para que nadie pudiera imaginar que, pese a la velocidad del tren, éramos capaces de saltar dentro.

No había luna y, salvo por la luz de la locomotora que se acercaba, la noche era más negra que el carbón.

La máquina ascendió por un pequeño promontorio resoplando con furia y enseguida empezó a bajar ganando velocidad a cada momento. Oklahoma Red dijo:

—Salta tú primero, muchacho —y dirigiéndose a Pata de Palo—: y luego tú. Así lo conseguiremos.

Me puse a correr a toda velocidad junto al tren con Pata de Palo y Oklahoma Red pisándome los talones. Un vagón góndola nos alcanzó.

—Salta en éste, vamos.

Fue un momento muy peligroso. Aceleré tanto como pude y me agarré a una escalerilla metálica. Temí que Pata de palo no lo conseguiría, pero enseguida lo vi aferrarse a la escalerilla; la pata de palo se elevó como si fuera el extremo de un palo de escoba. Unas latas que llevaba en un saco repiquetearon al chocar entre sí.

Poco después se reunieron con nosotros Oklahoma red y otro vagabundo.

—¿Y el otro? —pregunté yo.

—Supongo que no lo ha conseguido —dijo Pata de Palo.

La góndola en la que viajábamos transportaba una enorme caldera. El viento se colaba por sus múltiples agujeros haciéndola silbar como un órgano desafinado.

—Hace un frío del demonio a cielo abierto —dijo Oklahoma Red—; hay una fábrica de ladrillos en Bald Knob. Bajaremos ahí, ¿qué os parece?

—Bien —respondimos al unísono.

Nos bajamos del tren a primera hora de la mañana, cuando estaba llegando a Bald Knob. Los hornos de la fábrica de ladrillos brillaban cerca de allí. Las nubes se movían hacia el oeste, por el este el cielo estaba despejado. El tren siguió su camino. Un gallo cacareó varias veces.

Entramos en los terrenos de la fábrica, nos sentamos junto a uno de los hornos y echamos una cabezada. Al despertar oímos un rumor de voces.

—Hay un bosque a poca distancia —dijo Red—, esas voces son de vagabundos que se han refugiado allí.

—Vamos con ellos —sugirió Pata de Palo. Tenía la cara maltrecha por tanta intemperie, pero sus ojos conservaban cierta dulzura. El saco de lona en el que llevaba sus pocas pertenencias estaba a su lado en el suelo; la punta de un zapato asomaba por una agujero de la tela.

—¿Para qué llevas ese zapato? —le pregunté.

—Porque así no tengo que ir gorroneando zapatos por ahí —respondió riendo y luego añadió en confianza—: Cuando me duele la pata de palo sé que va a llover, no me digas que no es útil…

—¿Cómo perdiste el pie? —preguntó alguien.

—No es asunto tuyo —respondió Pata de Palo en el tono de quien guarda un secreto.

—Apuesto a que lo perdiste huyendo del guardia de alguna estación —dijo Red riéndose y rascándose la melena pelirroja.

—No, fue nadando en la bahía de San Francisco. Una lancha me embistió —gruñó Pata de Palo con la mirada perdida.

XXIII

EL BOSQUE

Fuimos al bosque y encontramos a muchos vagabundos. El campamento estaba junto a un arroyo. Aquel grupo de desahuciados nos dio la bienvenida y varios buscavidas nos pidieron que les contáramos novedades. Algunos trataron a Oklahoma Red con seca amabilidad.

—¿Está listo el guiso? —preguntó Red—. Tengo más hambre que un lobo.

—Claro que sí, viejo ladrón —respondió un vagabundo cuyo cuerpo temblaba continuamente.

Había media docena de hogueras encendidas y varios vagabundos trabajaban en ellas como si fueran cocineros del ejército. Unos traían agua del arroyo mientras otros pelaban patatas o ponían la carne sobre la parrilla.

Los hombres estaban separados en grupos y hablaban el argot de los caminos. El campamento estaba perfectamente surtido.

—Seguro que tenéis buen papeo por ahí —le dijo Red al vagabundo tembloroso.

—Sí —respondió el otro—, y no te quepa duda de que nos hemos movido para conseguirlo: hemos mendigado por todo el país para conseguir lo que no podíamos comprar.

—Todo lo que no se compra es bueno —dijo Oklahoma Red—. Estoy seguro de que no habéis comprado nada de todo esto.

—Alguna cosa sí, con el sudor de nuestras frentes —respondió—. Y también le robamos un par de barriles de licor de maíz a un negro.

El sol brilló un instante, pero poco después volvió a ocultarse tras unos oscuros nubarrones que flotaban a poca altura.

Sus cortinas negras casi rozaban las copas de los árboles que rodeaban el arroyo.

Algunos vagabundos habían aprovechado para asearse y había toallas de todos los tamaños y colores colgando de un alambre extendido entre dos árboles.

En un árbol podía verse un espejo roto sostenido por un clavo y frente a él a un mendigo afeitándose con un trozo de vidrio. La cara le sangraba en varios puntos. Cada vez que conseguía quitarse una mata de barba la arrojaba lejos de sí con destreza. Cuando por fin terminó se dirigió hasta el arroyo, se arrodilló sobre una piedra y sumergió el rostro sanguinolento en el agua corriente.

Otro vagabundo, que había esperado cortésmente su turno, se puso espuma en la cara. Cogió el cristal y lo utilizó con gran destreza. Cuando terminó, su cara tenía un aspecto suave, sin una sola herida. Se secó con un pañuelo sucio, fue hasta la mesa y se sentó a comer.

Varias chozas improvisadas y toscas, construidas con traviesas, se sucedían unas a otras. Consistían en tres paredes y un techo: uno de los lados estaba completamente abierto.

A los pies de un árbol enorme estaba el barril de licor de maíz. Varios hombres estaban bebiendo, pero la mayoría parecían ocupados en la preparación del desayuno.

Junto al barril de licor estaba un hombre sin piernas. Estaba recargado en el árbol con unas muletas a la mano y sostenía una taza llena de un líquido blanco. Parecía resentido con el mundo, harto de tanta injusticia

—Este país se va a la mierda —dijo—; al Ejército de Salvación le dan permiso para mendigar en Little Rock, pero a mí no. Ya no sirve de nada ser un lisiado. Todo se derrumba por momentos.

Se calló y le dio un buen trago al líquido blanco.

Empezó a llover. Los gruesos goterones repiquetearon sobre los platos de latón que había sobre la mesa y sobre un barreño viejo y oxidado que estaba en el suelo. Las pocas hojas que quedaban en los árboles empezaron a caer. Una furiosa ráfaga de viento hizo volar algunos platos. Chocaron contra los troncos de los árboles y cayeron al suelo. El vagabundo sin piernas tiró al suelo la taza vacía, agarró sus muletas y se apresuró a refugiarse en una de las chozas de tres flancos. Su cuerpo se balanceaba en lo alto de las muletas.

Al poco rato no había nadie en el claro del bosque: todos se habían metido en las chozas.

Un joven vagabundo negro apareció en medio de la lluvia llevando una maleta de cartón que parecía gritar «Por favor, que no llueva». Atravesaba el claro a la vista de todos cuando la maleta se deshizo como si fuese una bolsa de papel mojado. El desaliñado vagabundo, completamente empapado, se quedó con el mango en la mano; cuando lo arrojó al suelo los vagabundos lanzaron una carcajada.

—Parece que el tío Moisés te ha timado pero bien, muchacho: ese judío te ha visto venir —gritó alguien entre risas.

Siguió lloviendo intensamente. Un gran charco se formó en el claro; los goterones caían produciendo un chapoteo que hacía pensar en veleros diminutos que se hundía para siempre. El agua se colaba entre las traviesas que hacían de techo. Todo estaba empapado. La ropa de los temblorosos vagabundos chorreaba por todas partes, pero éstos resistían estoicamente, sin perder la sonrisa. Se limitaban a aceptar lo que la vida o los elementos les enviaban. Batallaban y bebían, mendigaban y robaban, y si hay algo que puede decirse en su favor, si algo quedará escrito para siempre en las estrellas, es que no lloriqueaban jamás.

El viento cambió de rumbo y dirigió el agua al flanco descubierto de los refugios.

Pata de Palo estaba sentado a mi lado, contemplando cómo caían las gotas en el enorme charco. Tenía una cicatriz en el puente de la nariz y una gota de lluvia se le había quedado varada en ese lugar, como si no se atreviera a seguir deslizándose hacia abajo. Se la sacudió con la mano.

—Un negro me dio un golpe aquí en cierta ocasión —explicó—, mucho antes de que perdiera la pierna.

—¿Y se lo hiciste pagar? —pregunté.

—Estuve a punto de matarlo. Gritó como un cochino, ese maldito negro.

No contó más. Volvió a quedarse en silencio contemplando la lluvia.

Oklahoma Red se sentó cerca de nosotros. Tenía el pelo empapado.

—¿Queda algo de licor en ese barril? —le preguntó al vagabundo tembloroso.

—Queda —respondió el otro—: los vagabundos que han llegado más tarde no sabían qué había dentro.

Red se puso de pie.

—Vamos, Pata de Palo; y tú también, muchacho —ordenó.

Fuimos hacia el barril, pero Red pareció dudar, alzó la vista al cielo y dijo:

—Se está aclarando.

Me ofrecieron una taza y bebí hasta que sentí que me hormigueaba el cuerpo bajo la ropa empapada. Luego Red y Pata de Palo se sirvieron generosamente y se pusieron a beber como si fuesen un par de obreros refrescándose con el agua de un pozo.

Varios vagabundos salieron de las chozas y se acercaron. Un negro gigante se bebió sin respirar una taza llena de licor y enseguida se inclinó para llenarla de nuevo.

—¿Qué te has creído, que es tu cumpleaños? —preguntó el que estaba a su lado.

—Lo que me he creído es que he sido yo el que ha robado el licor —respondió el negro—, y que tengo más escondido por ahí —dijo apuntando hacia el bosque.

—¿Cuánto más? —preguntó Red.

—Medio barril —respondió el negro—. Si alguien me acompaña podemos traerlo.

Dos hombres se ofrecieron voluntarios y los tres cruzaron el lodazal y se adentraron en el bosque. Regresaron al poco rato cargando el barril entre los tres.

—Esto nos va a calentar más que una estufa —dijo Pata de Palo riéndose. Entre varios pusieron el licor en un lugar seguro cerca del otro barril, que ya estaba medio vacío.

—¿Cómo te las has apañado para conseguirlo? —preguntó el hombre sin piernas, que acababa de unirse al grupo.

—Conozco a un negro que tiene un alambique, aunque ya no hay alambique que valga —respondió el negro—: se lo hemos robado todo.

Las nubes se alejaron rápidamente y los rayos del sol atravesaron el aire húmedo.

Muchos de los vagabundos se dirigieron hacia la fábrica de ladrillos con la esperanza de secarse la ropa; otros se quedaron: el licor los hacía olvidarse de sus harapos empapados.

Incapaces de esperar a que les llegara el turno de las tazas que iban pasando de mano en mano, algunos se hicieron unos cucuruchos de papel aún mojado por la lluvia.

El enorme negro que había robado el licor se puso parlanchín.

—He cruzado tres veces esta región buscando trabajo y todavía no lo he encontrado —dijo—. Hace un año que no consigo trabajo de lo mío.

—¿Y qué es lo tuyo? —preguntó el hombre sin piernas balanceándose sobre sus muletas y con una taza en cada mano.

—Soy decorador de árboles de Navidad —respondió el negro riéndose a carcajadas. Tenía una boca más grande que la cueva del cuento y al reír mostraba unos dientes blancos y perfectamente alineados.

El licor desaparecía a toda velocidad y los hombres se arremolinaban alrededor de los barriles como cerdos junto al abrevadero.

El negro enorme no paraba de beber. Estaba de pie junto al barril con las piernas abiertas y los enormes pies hundidos en el barro. Parecía una estatua inmensa, negra y hueca, que no acabara de llenarse jamás.

Oklahoma Red se acercó y apartó al negro de un codazo.

—¿Qué te pasa, negro? ¿Te crees que estás solo?

Al negro se le encendió la mirada y volvió a ponerse junto al barril.

—Adivina quién ha robado este licor —gritó empujando a Oklahoma Red.

Comenzó la batalla. Red, que era unos diez centímetros más bajo que el negro, le dio un puñetazo en la mandíbula que resonó por todo el bosque.

El negro sacudió la cabeza. Dio un paso atrás, se quitó el abrigo y se lo tiró sobre la cara a un vagabundo que estaba a un lado.

—Dios, tiene una navaja —dijo Pata de Palo.

—Tranquilo, idiota, ¿quieres que venga la policía? —dijo otro vagabundo.

Oklahoma Red se movió hasta que se aseguró de tener el sol a su espalda. Se había puesto en guardia al modo de los boxeadores. Apretaba los dientes y movía alternativamente los anchísimos hombros.

El negro se aproximó a Red navaja en mano y éste puso cara de determinación, la vista fija en la hoja. El negro se acercó un paso más y lanzó un navajazo que pasó a unos centímetros de la garganta de Red.

Red esquivó la hoja y le dio un fuerte manotazo en el brazo al negro. Éste soltó la navaja, que salió despedida y fue a darle, completamente abierta, en plena mejilla. La sangre brotó a chorros. Red aprovechó para darle un tremendo puñetazo y el negro gritó de dolor y cayó al barro a un lado de la navaja. La sangre le brotaba de la mejilla y le caía por toda la cara.

Todo ocurrió a la velocidad del rayo.

El negro se quedó tirado en el suelo, embarrado y completamente fuera de combate. Red se limpió la sangre de las enormes manos y gritó desdeñoso:

—Ahí tienes tu merecido, maldito negro. ¿Quién es el siguiente?

Una piedra voló de algún sitio y golpeó a Red en la mandíbula. Él trastabilló y tres negros se le echaron encima.

Pata de Palo se interpuso en el camino de uno de ellos y le dio un golpe bajo. El negro bramó como un cordero, calló hacia atrás y golpeó con la cabeza el barril vacío, que se le vino encima. Pata de Palo se acercó a él y le dio un fuerte golpe en la cara con la pierna postiza. El negro se quedó inmóvil.

Un vagabundo saltó sobre la espalda del otro negro y le apretó el cuello con el brazo. Ambos cayeron al suelo, pero el vagabundo no dejó de apretar hasta que el otro dejó de moverse.

Red se puso a pegarse con el tercer negro en un combate bastante igualado. Se arrancaron la ropa de cintura para arriba. El negro tenía la mirada de una oveja que se enfrenta a un león, pero peleó furiosamente, al menos hasta que Pata de Palo le dio un fuerte golpe en la espinilla; entonces se tomó la pierna con las manos, abrió la enorme boca y gritó «¡Auuu!», pero enseguida volvió a cerrarla: alguien aprovechó para darle un palo en la cabeza. Se desplomó de cara al suelo.

Oklahoma Red se dio cuenta de que el negro de la maleta trataba de escabullirse.

—¡Eh, tú! —le gritó—. ¡Hazte cargo de tus hermanos! ¿Me oyes?

—Sí, señor —respondió el otro, asustado.

Pata de Palo se acercó a Red.

—Creo que a ese negro que está junto al barril le he roto la mandíbula —dijo.

—Eso espero —replicó Red—. Dame su camisa y su abrigo, los míos están hechos polvo.

Pata de Palo le quitó la ropa al negro inconsciente y le llevó las prendas a Red.

—Lo mejor es que nos larguemos, ¿no te parece? —dijo Pata de Palo.

—Eso mismo iba a decir —replicó Red—: vámonos de
aquí.

Los vagabundos se dispersaron y yo me fui con Red y Pata
de Palo.

XXIV
OKLAHOMA RED

En todo el país apenas hay trenes rápidos realmente dignos de ese nombre, pero ninguno pasaba por la región en la que nos encontrábamos. Como era una zona «hostil», lo que venía deprisa eran los problemas.

Oklahoma Red, Pata de Palo y yo esperamos un tren de carga escondidos tras unos arbustos que había junto a la vía. Para llegar a ese punto el tren tenía que superar una pequeña colina, lo que le haría perder velocidad, un hecho del que éramos perfectamente conscientes.

Tras un par de horas, conseguimos subirnos a un tren y llegamos a Little Rock.

Como Oklahoma Red no era estrictamente un vagabundo, sino un ladrón, un revienta-cajas fuertes, un aristócrata de la errancia y el tipo de hombre más peligroso con el que uno se puede encontrar, tenía algo de dinero.

Comimos a cuenta de Red en un restaurante de la estación. Pata de Palo se encontró con un amigo vagabundo que le dijo que en Hot Springs la gente era generosa con los mendigos y decidió en ese mismo instante que iría a aquella ciudad balneario que quedaba a unos setenta kilómetros. Se despidió de nosotros a toda prisa y se alejó haciendo sonar el suelo con su pata de palo. No volví a verlo.

Nos entretuvimos un rato más en el restaurante y luego regresamos al depósito del tren. El abrigo del negro le quedaba muy estrecho en los hombros a Red, pero a la vez era demasiado largo.

Cayó la tarde y el tren no aparecía.

Red se desesperó y fue a buscar algo de licor.

Regresó con una botella de whisky.

Los colores fueron desvaneciéndose desde el oeste y cayó una noche clara. Salió una enorme luna roja y amarilla, tan grande como el sol de la madrugada.

Red fumaba cigarrillos sin parar y de cuando en cuando daba un enorme trago al whisky. Podía oírse cómo le bajaba por la garganta como si fuera agua deslizándose entre unos guijarros.

Okalhoma Red pertenecía a esa clase de bebedores que no se tambalean jamás. Su mente ordinaria y fuerte controlaba aquel cuerpo brutal y cubierto de cicatrices hasta que sucumbía bajo el simple agotamiento. Sólo entonces de dejaba vencer.

Como a la mayoría de los hombres ociosos, a los vagabundos les encanta el licor.

Cuando se impuso la prohibición lo pasaron realmente mal, pero su agudo ingenio encontró muy pronto una solución y se convirtieron en miembros de lo que ahora se conoce como el Club Sterno, también llamado Brigada de la Energía Enlatada. El Sterno es un producto comercial que se vende enlatado y sirve para producir calor artificial. Está compuesto de parafina y metanol. El tamaño de las latas varía y sus precios van desde los diez hasta los cincuenta centavos. Cuando un vagabundo tiene ganas de echar un trago se compra una lata de Sterno y lo mezcla haciendo un brebaje que podría noquear a una mula. Una regla no escrita indica que hay que comprar las latas de diez centavos. El contenido se vacía sobre un pañuelo, generalmente sucio, y se estruja hasta que el metanol se separa de la parafina. El líquido resultante se mezcla con soda o cualquier otra cosa parecida y se bebe. Un buen trago es suficiente para dejar inconsciente durante un día a un cura baptista. Los vagabundos compran latas de Sterno en grandes cantidades y luego se las llevan a los bosques. No es infrecuente encontrárselos tirados por el suelo rodeados de los restos de su intoxicación.

Yo no tenía ganas de hablar, pero Red se cansó de sus propios pensamientos.

—¿De dónde eres, muchacho? —preguntó.

Yo le solté una respuesta con la que pensé que me dejaría en paz.

—De cualquier parte menos de aquí, aunque tampoco tardaré en ser de aquí.

Él ignoró mi intento de ser astuto.

—Yo soy de Aurland, Dublín —dijo.

—Vaya —dije yo con vago interés—, pensaba que habías nacido en este país.

—No, pero llevo aquí desde los diecisiete años.

Hablaba con los ojos entrecerrados. Tenía el sombrero echado hacia atrás y un mechón de rizos pelirrojos le caía sobre la frente.

Tras años de ir de aquí para allá, yo estaba tan necesitado de afecto que reaccionaba al menor estímulo. Red me conmovió. Le puse la mano sobre el hombro.

—¿Qué pasa Red? Pareces triste.

—No, no estoy triste. Supongo que estoy medio borracho. El negro aquel me ha dejado pensando. Su navaja era casi un cuchillo de carnicero. Pero lo he hecho morder el polvo, ¿no es cierto? Cuando te pelees con un negro no dejes de mirarlo a los ojos: eso los mantiene a raya.

—Peleas como un león enjaulado —le dije—. ¿Dónde has aprendido?

—Llevo en la carretera desde que era un chico, y hay que aprender a pelear.

—¿Cuánto tiempo llevas en la calle, Red?

—Desde los cinco años —respondió quitándose el sombrero y acariciándose el pelo con la mano enorme. Volvió a ponerse el sombrero, cruzó los brazos y se reclinó un poco—. Mi padre era mendigo. Ni siquiera estoy seguro de que fuera mi padre, pero no importa: él fue quien se encargó de mí y de mi hermana desde que tengo memoria. Quizá nos sacara de algún sitio, de alguna inclusa u otro lugar parecido; mucha gente sin escrúpulos hace ese tipo de cosas.

»Era el viejo más malvado que te puedas imaginar: un diablo sin cola. Una vez lo vi arrancarse mechones de pelo con las manos en un arrebato de furia.

»Solía hacerse el ciego y nos llevaba con él. Nos colgaba al cuello un cartel que decía: «Huérfanos de madre». Nosotros cantábamos himnos absurdos sobre Dios y el paraíso. El viejo también cantaba: tenía más tablas que un establo. Podía fingir que era paralítico hasta hacer llorar a una anciana.

»Solíamos recorrer los pueblos de la región. Ganaba buen dinero con nosotros.

»Mi hermana era una buena chica. Recuerdo bien el día en que se fue con una vieja gorda que iba vestida como una criada negra en su día de fiesta. Luego de eso el viejo se pasó borracho una semana. Ella tenía catorce años y yo doce. El viejo la vendió a aquella vieja zorra. No la volví a ver durante muchos años.

—¿Y qué es de ella? —pregunté.

—Palmó. Era drogadicta. Se volvió majara. —Se produjo un largo silencio; Red se frotó la frente y prosiguió—: Cuando se marchó lloró y me llenó de besos, pero el viejo no paraba de decir que estaríamos bien y que siempre podría visitarla cuando quisiera en su nueva casa. Más tarde intenté encontrarla, pero no lo conseguí. No me importaría que me ahorcaran con tal de matar a ese viejo. Le agarraría y lo sacudiría como a una rata hasta dejarlo medio muerto, luego lo enterraría hasta el cuello y lo dejaría ahí para que los buitres le comieran los ojos e iría echándole cal por encima para verlo consumirse poco a poco.

—¿Sabes leer? —pregunté.

—Un poco. Una novia carterista me enseñó en Boston. Trabajaba con un grupo de jovencitas en la calle y a veces hacía otras cosas para sacarse un dinerillo, pero era buena chica. Y también muy inteligente. Le perdí la pista cuando me encerraron tres años en Charleston. En ese agujero fabriqué suficientes zapatos como para surtir a un ejército durante un año.

Allí me topé con un viejo ladrón que me enseñó a abrir cajas fuertes y a arrancarme la piel de la punta de los dedos para que fueran más sensibles. Desde entonces he dado dos golpes. Me echaron diez años en el Oeste por el último; por eso y porque le rompí la mandíbula a un policía que me sacudió con una porra.

»Aquello me ganó la entrada en los Camisas Rojas.[1] —En el rostro de Red se dibujó de pronto una media sonrisa. Se detuvo un instante para encender un cigarrillo y después prosiguió—: Pero conseguí escaparme de allí al final, con camisa roja y todo. Durante dos semanas me pasé las noches caminando. La mayoría de la gente que se escapa acaba merodeando por alguna ciudad, por eso los terminan pillando fácilmente. Yo me mantuve alejado durante todo un año. Dejé que me crecieran el pelo y la barba y no hice ninguna tontería durante un buen rato. —Red vació la botella de un trago enorme y la reventó contra la vía del ferrocarril—. Quédate conmigo, muchacho. Te trataré bien. Me siento espantosamente solo. Te enseñaré a abrir y a sacarle el jugo a una caja fuerte sin hacer ruido. No tendrás que escaparte de mi lado como yo me escapé de aquel viejo cuando era un muchacho. Yo no voy mendigando en puertas traseras: yo cojo lo que es mío. La mayoría de los vagabundos no tienen suficiente sangre fría como para abrir cajas fuertes. Todo el mundo la pifia de alguna manera; todo el mundo acaba traicionando en algún momento. La gente no es honesta. Yo sé que van a por mí. Tratan de cazarme en todas partes, pero cuando me agarren será muerto, porque pienso ponerme a disparar. —Sacó del bolsillo una pequeña pistola azul que podía ocultarse en la palma de la mano y se quedó mirándola un segundo entornando los ojos—. La verdad es que me gustaría matar a todo el mundo menos a ti y a mí. Todos están podridos. En fin, ¿a quién diablos le im-

---

[1] Un grupo paramilitar de defensores de la supremacía de la raza blanca. Se fundó en 1875 y estuvo activo más o menos hasta 1900.

porta? Conseguiré salir adelante aunque se pongan todos en mi contra. Cuando esos jueces me metieron en la cárcel, a ninguno se le ocurrió decir: «En fin, muchacho, no parece que te hayan tratado con justicia. Primero te convierten en bandido y luego se ponen como locos porque te comportas como tal y lanzan tras de ti a unos polis aún más bandidos que tú». Los jueces son más tontos que los rateros, te lo garantizo.

Se encendió una luz en el fondo del depósito. Nos cegó durante un segundo, pero enseguida distinguimos la locomotora de un tren de carga que avanzaba hacia donde estábamos. Nos levantamos. Para mi sorpresa, Red se tambaleó un poco. Nos pusimos en posición junto a las vías, tensos como corredores que están a punto de emprender una carrera bajo la luz de la luna. Red gritó:

—Ve tú primero, muchacho.

Corrí junto al tren y salté a la escalerilla de hierro, luego me di media vuelta buscando a Red.

El tren iba arrastrándolo por un pie y le golpeaba la cabeza contra las traviesas.

Aturdido, bajé de un salto. Estuve a punto de caerme. Corrí hacia Red. Había trastabillado y el pie se le había enganchado a la escalerilla del vagón. Como pude, conseguí desengancharlo.

Cayó rodando junto a la vía y yo me arrodillé a su lado. Tenía el brazo cortado a la altura del codo. Chorreaba sangre de una manera espantosa. El tren se alejó bajo la luz de la luna.

—¡Red! —grité abrazándome frenéticamente a su pecho. Lanzó un último estertor y su corazón se detuvo. Yo sollocé a gritos.

Me senté a su lado completamente aturdido. Cuanto más lo miraba más me parecía que sonreía. La cabeza se me llenó de pensamientos… ¿Le avisaría a alguien de aquella muerte? Podían hasta meterme en la cárcel. ¿Y si lo enterraba? ¿Cuál sería la diferencia? ¿Tenía Red algo de dinero? La pistola…

Una piedra rodó bajo la pierna de Red, que pareció moverse y me dio un susto espantoso. Respiré hondo y volví a mirarlo a la cara.

La muerte había borrado su habitual mirada irónica. De alguna forma todo lo que había de bueno en la maltrecha y miserable vida de Red había emergido a la superficie. Estaba en calma, con la ancha frente perfectamente despejada. Sobre los ojos tenía esas protuberancias que, según supe después, los sabios vinculan con una gran capacidad de observación. Sea como sea, aquél era el rostro de un hombre que había nacido para cosas mucho más importantes que pertenecer al grupo de los Camisas Rojas o morir arrastrado por un tren en Arkansas.

No sé cuánto tiempo me quedé con él. A lo lejos se oía el rumor del depósito del tren. Las horas pasaron e incluso aquel sonido se desvaneció. Un tren de pasajeros recorrió la vía. La luz de los vagones alumbró durante unos momentos todo aquello que era mortal en Oklahoma Red.

Me volvió a venir a la cabeza el asunto del dinero.

«Si no lo cojo yo, se lo quedarán los guardias», pensé. Le revisé los bolsillos. Sólo encontré dos dólares, pero como sabía el tipo de hombre que era Red no me di por vencido. Le quité los zapatos y registré en todos los lugares en los que pude imaginar que alguien que viajaba entre ladrones —policías y vagabundos— podría haberlo escondido. Nada. Cogí los dos dólares y el arma y me alejé de Red pensando que lo encontrarían por la mañana y que, si no era así, de todas formas no importaba.

A las pocas horas me subí a un tren de carga que pasó junto al mismo lugar en el que yacía muerto. Le vendí el revólver azul a un judío de Dallas que me dio cuatro dólares por él. El dinero me quemaba las manos y me lo gasté enseguida.

El nombre de Oklahoma Red todavía se evoca entre los ladrones. A lo largo de la vida me he cruzado con muchas personas que lo conocieron, pero nunca le he contado a nadie los detalles de su muerte. Siempre he tenido la estúpida sensación de que a Red no le habría interesado que la gente los conociera.

XXV

UN VIAJE FÁCIL

Después de pasar tres días en Dallas volví al depósito del tren sin un centavo, como de costumbre. Como aún era joven, pensaba a menudo en Red.

Era una noche fría y el hielo estaba empezando a formarse cuando me encontré con un viejo vagabundo junto a las vías.

Me dijo que aquella misma noche partía un tren de pasajeros vacío hacia el Oeste.

Me fascinó la idea de viajar en un vagón vacío, cómodamente sentado en una mullida butaca toda la noche, resguardado del frío; lejos de los cobertizos y los guardias.

Estuvimos charlando sobre la vida errante y mi viejo informante me dijo que siempre llevaba las piernas envueltas en papel de periódico por dos razones: los perros no lo podían morder a través del periódico y le ayudaba a mantener sus cansadas piernas calientes.

Se estaba recuperando de una herida: la puerta de un viejo vagón le había caído sobre el pie y le había roto varios huesos. Llevaba un mes sin poder caminar y sólo entonces se estaba animando a probar con una muleta. Aun así estaba decidido a viajar a San Luis.

Dos mujeres de los bajos fondos lo habían acogido en un pequeño cuarto y lo habían cuidado con ternura.

Se pasaba la mayor parte del tiempo cerca del depósito viendo cómo entraban y salían los trenes de mercancías, y le hablaba al que le prestara oídos sobre los rondines de los guardias y los horarios de los trenes.

Pensé en aquellas dos mujeres.

—Deben de ser buenas para distinguir cómo es cada quién verdaderamente —dije.

172

—Ya lo creo que sí —gruñó el viejo vagabundo—: las de su tipo siempre lo son. Al fin y al cabo se pasan la vida en la calle. —Se me quedó mirando fijamente con los ojos entrecerrados—. ¿No tendrás unas monedas por ahí, hermano?

—Ni un centavo.

—Vagabundo asqueroso —replicó disgustado.

—En San Luis sí que podrás afanar.

Hizo una mueca que marcó aún más las patas de gallo que flanqueaban sus ojos.

—Claro que sí, cuando Rockefeller y yo juntemos nuestro dinero ambos vamos a ser millonarios.

Mientras charlábamos se fue haciendo de noche. El viejo buscavidas me volvió a decir el lugar exacto en el que se encontraba el tren que viajaba vacío.

—Dalo por seguro —dijo—: una de las chicas conoce a un guardafrenos y fue él quien se lo dijo. Si me das un par de centavos iré contigo, sólo por viajar sobre almohadones.

—San Luis no está en esa dirección —respondí.

—Tampoco importa mucho —dijo lanzando un suspiro.

La noche se cernió sobre él cuando me alejé. En el depósito estaba la locomotora que iba a arrastrar el tren hacia el Oeste. Husmeé entre los vagones estacionados en las distintas vías y me escondí tras un cobertizo. Un hombre se puso a mi lado en la oscuridad.

—¿Vas a coger el siguiente, hermano? —preguntó.

De pronto se me ocurrió que podía ser un guardia, así que no respondí. Intenté en vano verle la cara para saber si se trataba de un vagabundo o de un guardia, algo que resulta fácil para cualquiera que conozca mínimamente la vida errante y los bajos fondos: los cazadores de personas tienen el mismo aspecto en todas partes.

Una luz se encendió en algún sitio y pronto vimos venir la humeante locomotora.

Avanzaba marcha atrás con el guardafrenos sentado en la parte posterior, preparado para engancharla al primer vagón.

173

El suelo del cobertizo en el que estábamos escondidos se estremeció cuando la máquina pasó cerca de allí. La luz frontal apuntó hacia donde estábamos e iluminó el rostro del hombre que estaba a mi lado. No era un guardia; más bien tenía cara de morfinómano. La locomotora se enderezó y volvimos a quedarnos a oscuras. Yo me dirigí a mi nuevo compañero:

—Más nos vale correr, hermano: el vagón de pasajeros está en medio del tren.

—Lo sé —replico nerviosamente—. Vamos.

Caminamos agachados y procurando no hacer ruido. Al final decidimos esperar escondidos entre dos vagones de un tren estacionado, justo frente al vagón de pasajeros. Una linterna apuntó hacia donde nos encontrábamos.

Los dos aguantamos la respiración cuando vimos que se acercaba. Se detuvo a unos tres metros de donde estábamos y apuntó hacia el vagón de pasajeros. Si el guardia que la llevaba en la mano hubiese escuchado con atención habría podido oír los latidos de nuestros corazones.

En aquel momento lo único que deseaba en el mundo era subirme en aquel vagón de pasajeros. Años más tarde llegué a retrasar un viaje sólo porque no conseguí litera en un vagón de primera clase, pero en aquel momento habría sido capaz de partirle la cara a cualquiera que quisiera impedirme viajar en los asientos gastados de aquel vagón de pasajeros que ya no se consideraba apropiado ni para los viajeros de tercera. De entre todos los proverbios trillados de la historia el más cierto de todos es el de «A buen hambre no hay pan duro».

El portador de la linterna se dio media vuelta y la luz proyectó unas sombras entre los vagones. Nosotros permanecimos tan inmóviles como las mismas vías. Podíamos ver el perfil del rostro de aquel hombre y la gorra de pana que llevaba puesta. Durante unos momentos él también se quedó tan quieto como si lo hubiesen clavado al suelo.

Al fin se puso a silbar bajito y se fue caminando en dirección al furgón de cola. Cuando vimos que se alejaba salimos disparados hacia el andén en el que estaba el vagón de pasajeros. Miré a todas partes intentando asegurarme de que nadie podía vernos. Otro hombre estaba de pie junto al furgón de cola con una linterna en la mano. Le hizo una señal a la locomotora con la linterna y ésta respondió con dos pitidos cortos. El tren se sacudió y empezó a moverse.

Mi compañero intentó abrir la puerta. Estaba cerrada. Sacó a toda prisa una llave y la hizo girar en la cerradura. Conseguimos abrir la puerta cuando el tren ya tomaba velocidad. Saltamos dentro. Avanzábamos junto a calles iluminadas y la luz de las farolas se colaba por las ventanillas alumbrando el interior del vagón.

Para nuestra sorpresa casi en todos los asientos había algún vagabundo. Unos iban fumando, otros charlaban y otros se ponían la mano a modo de visera sobre los ojos para poder contemplar el paisaje.

Mi compañero se apresuró a atravesar el vagón sin decirme ni una palabra. Encontró un asiento libre y, después de retorcerse como si fuese un sacacorchos, se puso a roncar.

Uno de los vagabundos se levantó y cerró la puerta que nosotros habíamos dejado abierta. Echó el pestillo.

—Aquí no cabe nadie más. Que paguen su billete si quieren viajar —gruñó.

Yo me acomodé en un asiento y me quedé pensando en mi compañero. En alguna ocasión había oído hablar de la audacia de los morfinómanos: éste tenía una llave de ferrocarril.

No tardé en dormirme.

Me despertó un murmullo de voces. Ya era completamente de día. El tren se deslizaba firmemente sobre las vías y yo me restregué los ojos para ver mejor los desastrados rostros de los hombres que viajaban en aquel vagón.

Eran vagabundos de todas las edades. Había un muchacho no mucho mayor que yo. Tenía las mejillas chupadas. Miraba por la ventanilla con indiferencia, ajeno al paisaje y a las voces de los que estaban a su alrededor.

Lo observé levantarse y caminar hasta el bidón de agua. No quedaba nada. Maldijo su suerte. Uno de los vagabundos se burló:

—Querías un buen servicio, ¿eh? Pues te has equivocado de tren.

—Tú cállate —replicó el muchacho. Regresó a su asiento y se puso a toser.

Atraído por su edad y su aspecto aniñado me acerqué a él.

—¿Dónde estamos? —preguntó con indiferencia.

—No lo sé —respondí, y a continuación él chico gritó la misma pregunta a todo el vagón.

—Llegando a San Antonio. Nos han enganchado al tren rápido. Tenemos más suerte que un mendigo encerrado en una pastelería —contestó alguien.

—Y vamos de bajada —añadió otro vagabundo.

Nos detuvimos en una pequeña estación. Echamos las cortinas y nos quedamos inmóviles y en silencio.

Alguien intentó abrir la puerta. Estuvo durante un rato dándole golpes y luego se marchó. Oímos el sonido de sus pasos en la gravilla, junto al vagón.

Cuando por fin se alejó volvimos a respirar tranquilos. El tren reanudó su marcha.

—Dios, eso ha estado cerca. No me habría gustado nada que me cazaran aquí —dijo un vagabundo.

Cuando volvimos al campo abierto abrimos las cortinas de nuevo. Nadie tenía reloj, pero por la posición del sol calculé que debía de ser cerca del mediodía. Tenía la sensación de llevar una semana en el tren, pero no podían haber pasado más de veinticuatro horas.

—Me gustaría beber un poco de agua —dijo el chico.

—No tardaremos en llegar a San Antonio. Seguro que ahí desenganchan el vagón —repliqué.

Mi compañero de la noche anterior se mantenía alejado del resto de la adormilada comitiva y se contentaba con hablar a gritos con gente que sólo parecía existir en su imaginación.

Los hombres se movían inquietos en sus asientos. Algunos leían viejos periódicos una y otra vez. Cuatro jugaban al póker con una baraja sucia, apostando cerillas y palillos de dientes; otro se entretenía tallando su nombre con una navaja en el marco de la ventanilla. Cuando terminó se puso en pie y se puso a mirar lo que había hecho como si fuese una obra de arte: había dibujado una flecha que atravesaba todas las letras de su nombre; apuntaba hacia el Oeste, que era adonde se dirigía. Bajo el nombre había tallado el mes y el año. Ese tipo de firmas pueden encontrarse grabadas, escritas o impresas en los depósitos de agua y en general en todos los lugares donde los vagabundos suelen reunirse. Funcionan como una especie de directorio para otros vagabundos que tal vez puedan estar interesados en los itinerarios de sus camaradas. De cuando en cuando un vagabundo ve una de esas firmas y decide partir en la dirección en la que apunta la flecha.

Como la compañía del joven me aburría cada vez más decidí reunirme con mi compañero de la noche anterior. Parecía molesto como un fanático cuya plegaria se ha interrumpido. Se volvió un poco más amigable cuando terminó de hablar con una persona imaginaria que debía estar flotando por ahí.

Llegamos a San Antonio a última hora de la tarde y saltamos del vagón cuando se acercaba al depósito.

Crucé las vías a toda prisa junto al hombre de las visiones.

XXVI
EL HOMBRE DE LAS VISIONES

Corrimos por las soñolientas calles de San Francisco como si nuestras vidas dependieran de llegar a cierto lugar a una hora determinada. Yo no tenía ni idea de a qué venía tanta prisa, pero no hice ninguna pregunta.

Mi compañero murmuró varias veces:

—Así que eres estudiante, ¿no, muchacho?

La gente se nos quedaba viendo cuando pasábamos, y no me extraña lo más mínimo: mi compañero tenía una manera muy particular de andar; se meneaba y daba saltitos a un ritmo frenético.

Debía de tener unos treinta y cinco años, pero estaba hecho trizas. Una piel reseca y amarillenta le cubría los huesos. Llevaba los pantalones rotos en zig zag, y aquí y allá asomaban sus piernas peludas. Un enorme imperdible le abrochaba sobre el pecho la camisa azul. Sus zapatos eran completamente distintos entre sí. En el pasado había debido de tener el pelo negro, pero ahora estaba canoso y tenía entradas.

Fuimos hasta una droguería barata.

—Conozco a un tipo aquí —me dijo en un lacónico aparte—, espérame.

Yo seguí caminando hasta la siguiente esquina y lo esperé allí. Al poco rato lo vi regresar restregándose la nariz con el envés de la mano izquierda. Caminó a mi lado como antes, murmurando la misma frase, aunque con dos palabras añadidas:

—Así que eres estudiante, ¿no, muchacho? ¡Tengo hambre!

Muchas veces los vagabundos más viejos se refieren a los jóvenes como «estudiantes». Es un término de lo más apropiado porque no hay duda de que la calle es una escuela muy dura y en permanente transformación.

Como me daba la sensación de que aquel vagabundo tenía dinero y me podía ahorrar tener que ir mendigando por ahí para conseguir algo de comer, me quedé a su lado.

Pasamos frente a un restaurante y luego frente a otro, pero él no pareció ver ninguno de los dos. Nos detuvimos en un callejón. Estiró los músculos y a continuación cerró la mano en un puño sin doblar el pulgar. Con una velocidad increíble metió un mejunje en el espacio entre el pulgar y el resto de los dedos y lo aspiró por la nariz con frenesí. Los ojos le dieron vueltas en las órbitas.

Hasta ese momento no había murmurado más que frases sueltas, pero a partir de ahí su charla se volvió más fluida.

Pasamos junto a otro restaurante, pero la mente de aquel hombre, que parecía perdida en el espacio infinito, no había vuelto a pensar en comida. Yo me paré en seco y le dije:

—Oye, a mí me gustaría comer algo.

El hombre me miró sorprendido durante unos segundos y pareció dudar. Lo agarré del antebrazo de pura desesperación.

—¡Ay! —gritó sobándose el antebrazo. Se levantó la manga: tenía la piel de color violeta y el brazo lleno de pústulas y de marcas de agujas.

Entramos en un restaurante y pedí algo de comer. Se me quedó mirando y murmuró:

—Me llamo Pedro. Soy uno de los doce. Así que eres estudiante, ¿no, muchacho?

Pagó con un dólar y yo me quedé con el cambio. El camarero fue a atender unas mesas del fondo. Habiendo comido podía permitirme charlar, así que le hice varias preguntas al tipo. Recibí respuestas inconexas. Finalmente le pregunté:

—¿Tienes algún familiar vivo?

Él me respondió escuetamente:

—No, mi mujer ha muerto; han muerto todos... Espero que hayan muerto. —Luego, acercándose, añadió—: Escucha… Te contaré algo si no se lo dices a nadie. Yo soy san Pedro. Lo he traicionado. Lo he negado. Voy de aquí para allá para que no me encuentre. Cuando oigo cantar al gallo siempre me acuerdo de Él. Era un buen tipo y yo le jugué una mala pasada. Dicen que fui el primer papa. Todo mentira. El primer papa fue un judío que tenía una casa de empeño en Roma. Pero no digas nada: si se enteran lo que te he contado me echarán de todos los trenes. —Se pasó las manos ásperas como garras por el pelo canoso y luego señaló al techo—. Mira esas estrellas de ahí arriba. Fui yo quien las puso donde están: un trabajo que me encargaron. Conocí a Dios cuando era sólo un niño. Fuimos juntos al colegio. No hubo ningún problema hasta que compró el mundo, ahí se le fue la cabeza. Estuve trabajando con Él mil cien años arreglando todo el cielo. Construimos el mundo entero con unas grúas, pero una de las grúas le cayó en un pie y se puso a maldecir como un diablo. Le dolió muchísimo. Tuvimos que usar dos océanos de pegamento para pegar las estrellas. Teníamos un avión más grande que un tren. Disparábamos las estrellas con un cañón de ochenta y ocho kilómetros de largo. Recorríamos cien mil kilómetros por minuto. Dios sí que sabía darle caña a ese aparato. Una vez se le metieron las barbas en la hélice y por poco nos matamos.

»Cuando no trabajábamos lo pasábamos muy bien. Conocíamos a muchas angelitas y las llevábamos de paseo por el cielo. Vivíamos en una casa preciosa. Teníamos lirios rojos, césped violeta y todo lo que te puedas imaginar.

»Una vez me enfadé con Dios. Yo quería que me diera un millón de dólares para comprarme una pinta de licor, pero Él se negó pese a que llevaba todo el día trabajando para Él. Me largué de allí y para vengarme empecé a construir un enorme cuenco de madera en el cielo. Quería apagar la luz de su pequeña y vieja Tierra para demostrarle que a mí no me podía ningunear de aquella manera. Utilicé muchísima madera. Empecé tapando el sol y también la luna.

»Habíamos tardado muchísimo en poner el sol ahí arriba. Lo habíamos conservado en unos trozos de hielo más grandes que Texas y cuando lo sacamos chisporroteaba por todas partes.

»Cuando iba a mitad del trabajo hablé con Dios y me dijo: "De acuerdo, viejo amigo, te dejaré que sigas con lo tuyo, pero recuerda que soy Dios: he construido un montón de mundos como éste y no puedes ocultarme nada. Puedo hacer rodar las montañas como una bola bajo tus pies, puedo reducirlas hasta que tengan el tamaño de una canica o de una mota de polvo. Yo no me molesto en planear: me limito a crear los mundos y luego dejo que la gente se las arregle como pueda. Los hago brotar de los huevos que ponen los monos y los contemplo sólo para pasar el rato. Ya he visto miles de mundos irse al diablo. Tenían generales, poetas y hombres de estado que pensaban que podían con todo, pero yo chasqueé los dedos y ¡pum! ¿Dónde están todos esos grandes hombres de hace cincuenta mil años? Tú sigue adelante, muchacho; no creo que llegues muy lejos".

»Pese a todo sé que lo dejé preocupado porque seguí cubriendo cosas por aquí y por allá, y además ya no me quedaba mucho para terminar. Miraras donde miraras lo único que se veía eran tablones y la luz del sol a través de las junturas. Cada vez se veía menos desde abajo y yo seguía mi trabajo arriba.

»La gente no paraba de gritar pidiendo que volviera la luz, pero Dios no podía hacer nada. Una vez lo vi riéndose de ellos.

»Al final mandaron unos aviones enormes en mi busca. Los hombres se estaban congelando y los aviones se cubrían de hielo y caían en picado como copos de nieve. Mandaron más, tantos que al final aquello parecía una tormenta de nieve, y vino también Dios, sobre una nube verde ribeteada de rosa, y gritó: "¡Dios mío! Pero ¿qué diablos estás haciendo?". Imagina los miles de años que se necesitaban para llegar hasta donde yo estaba. A mi alrededor había águilas enormes con alas más grandes que un tren y picos torcidos más grandes que un barco. Tenían miedo de mi martillo. Y montones de hombres de cien metros de altura y sin cabeza volaban también a mi alrededor. ¡Y cometas! Te lo aseguro, en tu vida has visto unos fuegos artificiales como aquéllos… Las estrellas flotaban a mi alrededor como si fueran luciérnagas. En una ocasión dos de ellas chocaron y echaron unas chispas más grandes que una casa en llamas.

»Cuando ya tenía todo el cielo cubierto vi que Dios estaba al borde del llanto. Su barba de un kilómetro se movía con la brisa. Trató de abalanzarse sobre mí desde una nube y yo me di un golpe con el martillo en el pulgar y empecé a caer… y así estuve cayendo durante cien años rodeado de aviones congelados".

De pronto se oyó el silbato de un tren.

—¡Hasta la vista! —gritó el hombre que había trabajado con Dios, y salió a toda prisa de aquel lugar en dirección al depósito.

XXVII

EL RECUERDO DE UNA MUJER

La miseria lleva a la miseria por la sencilla razón de que no puede llevar a ninguna otra parte... Que sirva de consuelo es francamente improbable.

En mi juventud conviví con muchas mujeres de vida relajada porque de ellas obtenía al menos algo de comprensión, y como la comprensión está cerca de la simpatía, muchas veces acabé obteniendo también lo segundo.

Rabbit Town era una zona de St. Marys a la que los hombres sólo iban de noche. Consistía en varias casas de madera amuebladas con torpes pretensiones de elegancia. Edna vivía en una de ellas.

No llegaba a los dieciocho años. Su padre había abusado de ella a los catorce y poco después lo había hecho su hermano mayor. Tenía muy pobre opinión de los hombres en general.

Era muy guapa. Su pelo brillaba como el de las mazorcas bajo el sol. Tenía los ojos de un marrón profundo y vívido que contrastaba con aquel pelo rubio que solía llevar suelto sobre la espalda. Era delgada y se movía con la gracia de una ninfa. Tenía un enorme atractivo sexual, la única circunstancia que podría considerarse atenuante a la hora de juzgar a su padre y su hermano. Cuando los hombres entran en los burdeles del Medio Oeste se hace sonar una campana y las chicas disponibles se ponen en fila para que puedan elegir. Edna atraía tanto a los hombres que la madama, que no quería matarla trabajando —lo que sin duda habría sucedido—, la mantenía escondida o cobraba dos dólares en vez de uno por sus servicios.

Edna había matado a su padre y herido a su hermano en un estado limítrofe con Ohio. De hecho, Edna no es su verdadero nombre, pero como aún siento afecto por ella prefiero no decir nada que pueda perjudicarla, teniendo en cuenta que vivimos en una sociedad llena de gazmoñería y de estupidez.

Que yo sepa Edna jamás había leído un libro. (Por mi parte, en aquel tiempo solía leer malas ediciones de Safo, *La dama de las camelias* y, más tarde, *Del salón de baile al infierno*, de un escritor que debería irse al infierno.)[1] Pero Edna tenía un don: el don del asombro. Quería saberlo todo acerca de todas las cosas: qué eran el sol y la luna, por qué el mundo era redondo, cómo habíamos acabado todos aquí, quién era Dios padre y cómo se ganaba la vida. Era una jovencita encantadora y lista y una de las pocas mujeres del bajo mundo que yo haya conocido que no era una sentimental.

Me mantuvo como a un duque durante algunos meses, ya lo creo que sí, pese a que la madama se quedaba con la mitad de los ciento cincuenta dólares que ganaba a la semana y a que tenía que pagar veinticinco dólares al mes como abono de una deuda de mil dólares que tenía con el abogado que había conseguido librarla del cargo de asesinato.

Edna tenía una voz suave y jamás se enfadaba. Su madre murió pronto y ella se había encargado durante mucho tiempo de atender a su padre y a su hermano. Era de natural amable y respondía a la amabilidad de los otros, así se tratara de los peores pecadores. Muy probablemente había llegado a confundir el deseo sexual masculino con el afecto paterno o fraternal.

A los quince años se escapó a _____ en un estado muy comprometido. Fue a un hospital y le contó a una enfermera lo que le había pasado. La mujer escuchó la historia y luego le dijo secamente:

—¡Si me lo hubieran hecho a mí los habría matado a los dos! Edna replicó:

—Pues puede que yo lo haga.

Trabajó en el hospital hasta que llegó el momento del par-

---

[1] Un libro en contra del vals escrito por T. A. Faulkner, un antiguo profesor de baile convertido al cristianismo radical.

to. El bebé nació, abrió los ojos dos o tres veces y luego se marchó. Edna estuvo a punto de morir de dolor.

Aquella compasiva enfermera tomó entre sus brazos a aquella madre joven y destrozada y le dijo:

—¡Pégales un tiro a ese par de bastardos!

Edna dejó el hospital cinco semanas más tarde. La enfermera le prestó veinticinco dólares que ella le devolvió más tarde. Compró un pequeño revólver azul.

Fue a visitar la tumba de su madre, que se encontraba en las montañas Blue Ridge. No era más que una jovencita rubia maltrecha y agotada.

Se arrodilló delante de la tumba mientras el sol teñía de marrón el verde de las montañas.

—Madre —dijo—, espero que me estés viendo, ¡voy a matar a tu esposo!

Se sentó entre las ambrosías y los geranios blancos que cubrían la tumba y se quedó allí hasta que el sol desapareció tras las montañas. Su padre regresaba a la seis del trabajo: ya era hora de ir a casa.

Como todo el mundo la conocía en la ciudad tardó un poco más de lo previsto en llegar.

—¡Caramba, Edna! ¿A dónde te habías ido? —le preguntaban

—Muy lejos de aquí —replicaba ella.

El gato se cruzó con ella en la puerta y, recordándola, se restregó contra sus tobillos. Entró en la casa sin llamar a la puerta. Su padre estaba preparando la cena inclinado sobre el fogón con una sartén en la mano, su hermano pelaba patatas sentado en una banqueta.

Ella echó un vistazo a la cocina. El padre se dio la vuelta, se sorprendió al verla ahí y murió al instante: dos balas le atravesaron el cerebro. Se desplomó sobre el fogón encendido y cayó al suelo.

El hermano se levantó y salió corriendo por la puerta. Una bala le atravesó el pulmón izquierdo.

Edna salió tranquilamente de la casa, fue a la comisaría y dijo:

—He matado a mi padre y a mi hermano. Se lo había prometido a mi madre esta misma tarde.

Estuvo seis meses en la cárcel, fue juzgada y absuelta. Ella misma me contó toda la historia.

Era domingo por la noche y Edna estaba cansada. La madama le había permitido que se quedara en su habitación. No estaba disponible para los hombres de negocios más importantes de la ciudad y, en cambio, había elegido pasar sus horas libres fumando y bebiendo con un joven vagabundo.

Con frecuencia el recuerdo de aquel niño que había muerto en el hospital la ponía melancólica. Para darse ánimos decía:

—En fin, maldita sea, tampoco habría vivido mucho de todas formas, y además era hijo de uno de esos bastardos —pero enseguida se contradecía—: pero, Jimmy, ¡también era nieto de mamá!

Edna había tenido relaciones con su abogado, pero no por amor.

—Fue amable conmigo y aquello era lo único que podía hacer por él —decía, y a continuación—: aparte, cuando una empieza a hacerlo ya es difícil parar.

—Edna —le pregunté una vez—, ¿te gustaría vivir decentemente, si tuvieras opción?

—Claro que sí —contestó—, pero aún tengo que pagarle a ese maldito abogado, y no pienso ponerme a fregar suelos para hacerlo. ¡Al diablo con la moral!

—¿Crees que serías feliz fuera del burdel?

—¿Y tú? ¿Eres feliz fuera del burdel? —me interrogó a su vez—. Me pregunto si mi bebé murió de verdad. Tú no crees que me lo quitaran, ¿no, Jimmy?

—No lo creo, no creo que la enfermera fuera capaz de hacer eso.

—Nunca se puede estar segura de lo que es capaz de hacer la gente —replicó Edna—. Lo único que me molesta es lo estúpidos que son los hombres. Vienen aquí y no paran de hablar de sus hijas y de sus lánguidas esposas, y hasta se enfadan porque no nos enamoramos locamente de ellos. A veces me molesta tanto que pienso que no quiero volver a ver a un hombre en mi vida.

Edna seguía viviendo en el burdel cuando murió la madama.

La madama era una mujer de casi un metro ochenta, puro hueso y pellejo. Tenía un rostro severo, semejante al de un buitre o un águila, pero era de corazón tierno.

Había sufrido taquicardias durante mucho tiempo y en una ocasión escuché cómo le decía a Edna:

—¡Cualquier día de estos espicharé de repente!

Y eso fue lo que pasó. Estaba quitándole el polvo al retrato de una mujer desnuda en su tarde libre. Su corazón se saltó un latido o dos, ella empezó a boquear y cayó al suelo. Un segundo más tarde ya estaba acompañando al bebé de Edna.

La madama era amiga de todos y todo el mundo sintió mucho su pérdida. En cierta ocasión le había dicho a Edna que si moría quería que la enterrara cierto sepulturero joven que estaba en apuros.

—¡No es mal chico, y el dinero le vendrá mejor que a los otros!

El joven sepulturero vino y la metió en un ataúd violeta con mullidos cojines en el fondo. Su rostro mostraba una extraña sonrisa, como si dijera: «¡Menudo follón! ¡Ni se os ocurra despertarme!».

La ciudad estaba muy animada cuando la madama fue a sentarse a la derecha del Padre. Todos enviaron flores, pero ningún ramo llevaba tarjeta ni nombre del remitente: uno puede llorar a una prostituta en privado, pero no es apropiado que lo demuestre en público.

—Piénsalo, Jimmy —me dijo Edna—, he dormido con la mitad de los hombres de negocios de esta ciudad y no ha habido ni uno solo que haya tenido el valor de mandarme una tarjeta con su nombre. ¡Menuda panda de miserables!

Pese a todo, la madama seguía sonriendo irónicamente. Tenía un pesado anillo matrimonial de oro en el dedo anular: se iba a la tumba sin renegar de las tonterías del amor.

Tres señoras de la liga de la moral se presentaron en la casa y sugirieron, como si nada, que quizá no sería una mala idea enterrar a la madama durante la noche. Instantáneamente, Edna se convirtió en la muchacha que le disparó a su padre. Sin levantar la voz, les dijo:

—Nuestra madre saldrá de esta casa a plena luz del día, y si no les gusta la idea pueden bajar sus malditas persianas.

—Nosotras sólo queremos lo mejor para los niños de esta ciudad —replicó una de las señoras.

—Los niños de la ciudad se pueden ir al infierno. No me hagan reír delante de un cadáver.

El funeral se celebró a las dos de la tarde y, cuando cerraron el ataúd sobre la irónica sonrisa de la vieja dama, Edna rompió a llorar desconsoladamente.

No se invitó a ningún cura para que oficiara la ceremonia, y fue el camarero quien se encargó de decir unas palabras:

—Jamás se desentendió de las personas sin hogar y siempre fue a medias con las ganancias. Salvó de la infelicidad a muchos, aunque ninguno de ellos se encuentre hoy aquí para agradecérselo.

Sacaron el ataúd de la casa y dos caballos blancos lo llevaron hasta el cementerio. Antes de que echaran la primera palada de tierra sobre el ataúd una suave brisa hizo que cayeran sobre él unas cuantas hojas verdes y amarillas. Luego todos se fueron a sus casas.

Aquella irónica mitigadora de las necesidades sexuales se había quedado al fin completamente sola.

Después del funeral el burdel estaba vacío, así que pasé la velada con Edna.

—¿Sabes una cosa? —me dijo—, ahora que la madama se ha muerto creo que me voy a largar de aquí cualquier día. Ya no me queda mucho para terminar de pagar al abogado y cuando lo haga me iré tan asquerosamente lejos que si alguien me quiere mandar una postal va a tener que pagar un dólar. Odio las despedidas y todo lo que se le parezca, me dejan muy triste, así que si algún día desaparezco de aquí y no me vuelves a ver no te enfades: así soy yo.

—No te preocupes —contesté.

Dos días más tarde se fue de la ciudad sin decirle una palabra a nadie. Me envió una postal desde Chicago y luego la vida se cernió sobre ella.

Una vez le mandé una carta a su abogado para preguntarle su dirección, pero su socio me escribió de vuelta diciendo que el abogado había muerto y que no sabía nada de Edna.

Espero de corazón que lea esto algún día.

XXVIII
ACONTECIMIENTOS

Cuando volví al camino me dio la sensación de que todos los poderes de la Southern Pacific se habían vuelto en mi contra. Me pillaron en tres ocasiones mientras recorría la breve distancia que había hasta El Río. Al final conseguí llegar, y allí compartí una comida muy mala con un mexicano, pero aquella misma noche me metí debajo de un vagón y volví a emprender el viaje. Hacía frío y el viento corría a toda velocidad bajo los vagones, que levantaban arena y pequeñas piedras a su paso. Al golpear con el suelo del vagón, sonaban igual que el granizo sobre un tejado. Yo iba con los ojos cerrados. Me había atado los bajos de los pantalones para protegerme del viento. Las ruedas giraban interminablemente sobre las vías de hierro y su rumor monótono me adormecía pese a los baches, la velocidad del tren y todo aquel revuelo de piedras y arena.

Cuando el tren se detuvo en R... salí de allí abajo con los músculos entumecidos.

Era demasiado temprano para desayunar. El humo apenas empezaba a escapar por las chimeneas de las cabañas de los pobres. Recuerdo haber visto aquellas casas destartaladas, el césped seco, las calles decrépitas, y sentirme feliz de ser un vagabundo en mitad de una larga travesía.

Pero yo no iba en busca de belleza, sino de un desayuno, así que no tardé en empezar a llamar a todas las puertas traseras.

Las primeras siete amas de casa del sucio bloque respondieron con la misma sistemática falta de amabilidad. Me trataron con la misma gentileza que a un vendedor o a un cura que pide fondos para la construcción de una nueva iglesia. Una mujer iracunda me cerró la puerta en las narices y, mientras me alejaba, su perro me mordió en la pantorrilla. La mujer volvió a abrir la puerta y se rio de mí. Era la risa áspera de quien no tiene corazón, y resonó por toda la calle, más alto aún que los ladridos de aquel perro clasista. Yo cogí un trozo de ladrillo más afilado que los colmillos del chucho y se lo tiré violentamente como sólo los irlandeses sabemos hacerlo después de generaciones de arrojar ladrillos. Silbó por los aires una encantadora tonada rojo ladrillo. La mujer dejó de reír. Se había quedado en la entrada esperando a aquel perro entrenado para atacar a los vagabundos. Le gritó para avisarle, pero el ladrillo le pegó justo bajo la cola mientras huía. El animal chilló y salió corriendo con la cola entre las patas, la mujer dio un grito y levantó el puño para amenazarme. Yo le tiré otro trozo de ladrillo que fue a estrellarse cerca de ella, en una pared. Mujer y perro se metieron en la casa. Había triunfado, pero igualmente estaba muerto de hambre.

Al final conseguí mi propósito unas cuantas manzanas más lejos. Otra mujer me compensó por el maltrato que había recibido y apaciguó mi espíritu sensible. Su hija se sentó a mi lado y me miró con los ojos más tiernos del mundo. Era más o menos de mi edad y llevaba el pelo recogido con un lazo rojo. Su vestido de percal delineaba su bonita figura. Su madre me hizo el honor de sentarse a la mesa conmigo.

Al verme tan bien tratado me puse a contar una historia de lo más sensacionalista que se vio interrumpida cuando alguien llamó a la puerta de la casa. La chica fue a abrir. Un hombre de voz ronca dijo:

—¿Habéis visto a un vagabundo por aquí? Le ha estado tirando ladrillos a la señora Muldowney y a su perro. Ha salido corriendo hacia aquí.

Durante un breve instante se produjo un silencio; el corazón me latía a toda prisa, pero la respuesta me tranquilizó:

—No... no lo hemos visto. Los vagabundos nos dan miedo, nunca abrimos la puerta cuando llaman.

Oí al hombre gruñir y el ruido de la puerta al cerrarse. Yo seguía con la boca abierta cuando la chica regresó a la mesa.

¿Qué podía decir para agradecerles? Descolocado aún por el duro viaje de la noche anterior, sólo me salió un gemido.

—No te preocupes —intervino la chica con una sonrisa—. Mi hermano estuvo vagabundeando por ahí durante dos larguísimos meses. Al volver nos contó muchas historias. Ahora está en la marina.

—No entiendo por qué maltratan a los chicos —dijo la madre observando por la ventana cómo se alejaba aquel hombre: un policía.

Muchos años después, cuando me asaltan los fantasmas del camino, me acuerdo de aquella mujer y de la chica del lazo rojo con sus grandes ojos asombrados. Me parece verlas mientras escribo estas líneas, pese a que han pasado diecisiete años como diecisiete borrachines bajo la lluvia.

Me fui de la casa de aquella buena mujer y me dirigí al centro de la ciudad con un «donativo» que resolvía mi problema alimenticio al menos durante ese día. Cuando llegué a la plaza de los juzgados vi una multitud gritando enloquecida a alguien que estaba dentro. Los barrotes de hierro de una ventana de la tercera planta estaban rotos y colgaban hacia la calle. Alguien tiró por la ventana un cabo de cuerda y muchos hombres se apresuraron a agarrarlo. Enseguida apareció un negro con los ojos como platos seguido de más hombres que gritaban furiosamente .

—¡Matad a ese negro! ¡Matad a ese negro! —gritó la gente—. ¡Rompedle el cuello!

El negro palideció de miedo. Hombres, mujeres y niños se apresuraban a llegar a la plaza.

En un momento dado los hombres que habían agarrado la cuerda dieron un fuerte tirón, el negro atravesó la ventana, giró en el aire y fue a caer encima de un árbol. La cuerda se enredó en una rama y el hombre quedó colgando a poca distancia del suelo.

—¡Que nadie dispare! —gritó alguien.

Un hombre se acercó al negro y lo desató. Cayó al suelo

temblando, muerto de miedo. Lo llevaron semiinconsciente a una plaza cercana donde habían encendido una hoguera que apenas empezara a arder.

Lo amarraron a un poste con un travesaño bajo las axilas. Le arrancaron los zapatos. Las llamas empezaron a quemarle los pies. Entonces echaron más leña y él comenzó a retorcerse frenéticamente.

—¡No echéis demasiada! —gritó una voz—, ¡que se cueza a fuego lento!

Los ojos del negro casi se salieron de sus órbitas cuando el travesaño que lo sostenía se salió de su sitio y su cuerpo cayó directamente sobre el fuego. Se oyeron unos gritos espeluznantes.

—¡Ay, Dios mío! ¡Dios mío! ¡Ten piedad!

—¡Nosotros te daremos lo que te mereces, maldito negro! —gritó un hombre. Volvieron a colocar el travesaño y levantaron al negro por los sobacos. En vez de resistirse, rogó que avivaran el fuego para que éste acabara de una vez con él, pero le negaron esa gracia. Le rompieron las muñecas con un palo. Él agachó la cabeza y cerró los ojos, pero avivaron las llamas y él volvió a abrirlos y a alzar violentamente la cabeza. Un gesto de horrible dolor inundó su rostro.

En un momento dado su camisa cogió fuego y pronto las llamas le devoraron el pelo y las orejas. El desgraciado negro no paraba de gemir en una agonía sin fin.

Poco después el cuerpo abrasado se desprendió de sus amarres y poste y travesaño cayeron sobre él. Echaron queroseno sobre el fuego.

Asqueado hasta lo indecible me di media vuelta y me marché de allí. Unos niños habían cogido la cuerda que momentos antes había estado atada al cuello del pobre hombre y jugaban alegremente a saltar la comba.

XXIX
EL PASO DE UN TREN

Las lluvias de noviembre cayeron con furia y empaparon Texas hasta dejarla convertida en un lodazal. A ratos la lluvia caía con tal insistencia que daba la sensación de que se quedaba suspendida en el aire, como si le aburriera tener que ir siempre hacia abajo.

El Paso era el nudo ferroviario más próximo y quedaba a un día de viaje. Atravesar Texas supone recorrer mil seiscientos kilómetros: un cuarto, o incluso más, de la distancia necesaria para cruzar el país de costa a costa.

Conseguí subirme a un tren de carga a unos tres kilómetros del depósito. Lo detuvieron, lo registraron rigurosamente y me encontraron allí, colgado como una rata empapada. Junto conmigo cazaron a otros dos vagabundos.

Un joven guardafrenos nos explicó lacónicamente, aunque sin desprecio, que al conductor ya lo habían suspendido tres meses porque en los trenes que llevaba se subían demasiados vagabundos. El tren continuó sin nosotros. Vimos una columna de humo que salía del bosque cercano. Habían construido un refugio para la lluvia y le habían abierto un agujero en medio del techo para que el humo pudiera salir. Un claro del bosque permitía ver las vías del tren desde allí.

Los vagabundos se apiñaban alrededor del fuego. Llevaban la ropa húmeda y arrugada. Algunos se abrían paso a codazos (igual que los ciudadanos educados y respetables cuando viajan en un tranvía abarrotado) mientras otros trataban de resistirse para impedir que un buscavidas empapado y miserable les arrebatara su puesto junto a la fogata.

Había allí un vagabundo de aspecto enfermizo. Su rostro ajado y marchito parecía un pergamino secado mucho tiempo al sol. Para abrirse paso hasta el fuego, un vagabundo de aspecto brutal empujó a aquel pobre hombre, que murmuró «Gracias» y siguió frotándose las manos.

En un rincón del refugio alguien cocinaba «ropa vieja» en una olla inmensa: el menú habitual en el mundo de los vagabundos.

Cuando la comida estuvo lista nos acercamos vorazmente. No había suficientes tazas de latón, platos o superficies en las que se pudiera echar algo: una turba de ciudadanos respetables había saqueado hacía poco el refugio.

Buscamos bajo los árboles empapados algún plato oxidado que hubieran pasado por alto.

De pronto se oyó el silbato de un tren. Una mezcla de sorpresa, disgusto y consternación se dibujó en los rostros de todos.

—Maldita suerte —dijo un vagabundo—; prefiero quedarme aquí y comer.

Ni uno solo intentó subirse a aquel tren que marchaba lentamente hacia el Oeste.

—Si alguien se subiese llegaría a El Paso por la mañana —dijo un vagabundo con la expresión de un ahorcado.

—Ya pasarán más antes de que se ponga el sol —dijo otro tratando de sonar optimista.

—¿Antes de que se ponga el sol? ¡Pero si no hemos visto el sol desde hace una semana! —se burló otro.

Cuando acabamos de comer dejamos nuestros platos bajo la lluvia para que la naturaleza se encargara de limpiarlos. Las horas fueron transcurriendo sin que se moviera una mosca. Los pájaros estaban escondidos en los árboles. Oscureció a media tarde. Había niebla por todas partes.

Media docena de vagabundos fueron a buscar un poco de agua cerca de las vías. A veinte metros del fuego ya era imposible distinguirlos.

Sólo quedaban patatas y la intención era hacer una sopa. Las pelamos con las navajas de bolsillo que solíamos llamar «ancas de rana».

Cuando regresaron los que habían ido por agua echamos las patatas a la olla y a continuación un chorrito de alcohol y un poco de sal que cogimos de una lata oxidada.

Mientras se hacía la sopa retomamos el trabajo de mantener vivo el fuego. Lo más difícil era encontrar madera lo bastante seca como para que ardiera.

Cuando la sopa estuvo lista nos apiñamos alrededor. Se escuchó un silbato. Una luz brilló entre la niebla: otro tren se dirigía hacia el Oeste. Corrimos a meternos debajo de los vagones: sólo así podríamos resguardarnos de la lluvia.

—Que los buitres se coman esa basura, iba a estar asquerosa igualmente —dijo el hombre con cara de ahorcado.

Mientras intentaba engancharme a una barra bajo el vagón oí un chasquido, como si un hierro suelto hubiese golpeado los raíles. El miedo me hizo trepar entre dos vagones y subirme a uno de los parachoques. En algunas zonas «hostiles» suelen pasar bajo los vagones un cable atado a una barra de metal que se coloca entre dos carros. Una sacudida puede hacer que se suelte y salga despedida a la velocidad del tren bajo los vagones matando a cualquier vagabundo que viaje allí.

El tren recorrió una corta distancia y se detuvo junto a un depósito de agua frente al que había unas cuantas casas desperdigadas.

Decidí bajarme: no se me ocurría nada peor que soportar un viaje bajo una lluvia así. Otros hicieron lo mismo, entre ellos el hombre con cara de ahorcado.

—Ese tren tiene hierros. No me extraña que nadie intentara pillarnos: han debido de pensar que íbamos a morir de todas formas —dijo.

Al principio el único refugio que encontramos fue el depósito de agua. Se alzaba muy por encima de las vías sobre una estructura de madera que lo soportaba.

El tren desapareció en medio de la noche lluviosa y ya sólo oímos el lejano silbato y el enloquecido golpeteo de la lluvia. Estábamos amargados, así que nos pusimos a hablar de California para animarnos un poco, pese a que estaba a miles de kilómetros de distancia.

Tuvieron que transcurrir varias húmedas horas para que pasara otro tren.

Cuando pasó al fin, todos los vagones estaban cerrados menos uno: una góndola cargada de traviesas. Nadie nos molestó: a ningún empleado se le habría ocurrido ponerse a atrapar vagabundos en una noche como aquélla.

XXX

EL FINAL DE LA VÍA

Acomodamos las traviesas lo mejor que pudimos para hacernos un refugio. Uno de los hombres se sacó unos periódicos de un bolsillo interior y los pusimos en las junturas para tratar de evitar que se filtrara el agua.

Ni siquiera el ruido del tren superaba del todo el del viento y la lluvia.

Todos los desastrados vagabundos se pusieron a fumar y yo me acurruqué en un rincón. Desde ahí veía las cerillas iluminar cada tanto aquellos rostros sobre los que el camino había ido dejando sus marcas. El hombre de aspecto brutal, que parecía amigo del de cara apergaminada, fumaba una enorme pipa.

No éramos más que unos buscavidas empapados que pedíamos poco, conseguíamos menos y merecíamos menos todavía.

Me separé de aquellos vagabundos en El Paso, decidido a avanzar un poco más: aún me quedaban mil kilómetros de camino hasta Los Ángeles.

Tras un desayuno tardío y una limosna que conseguí en el barrio mexicano, regresé a los depósitos.

En aquel momento la policía ferroviaria estaba particularmente alerta porque unos vagabundos habían dejado abiertas las puertas de un vagón y la carga de cinco palés se había congelado.

Los trenes estaban muy vigilados, y durante aquellos días se arrestó y llevó a la cárcel del condado a muchos vagabundos. Vi a dos guardias llevarse esposados a cuatro colegas, entre ellos el hombre con cara de ahorcado. Me vio observándole escondido tras un vagón correo, pero no dio muestra de reconocerme, supongo que por miedo a llamar la atención de sus captores y provocar que me acabaran agarrando a mí también.

Seguí la línea hacia el oeste hasta que aquel entramado de vías quedó reducido a dos, y luego recorrí varios kilómetros con la esperanza de encontrar una colina que obligara a los trenes a ir más despacio.

El frío había arreciado y nevaba, pero por un hueco que el viento abrió entre las nubes pude distinguir a lo lejos la cresta de una montaña. Se alzaba como un gigantesco reptil entre una masa grisácea de nubes cargadas de nieve.

Amainó el viento, el perfil de la montaña se desdibujó y el día se puso aún más gris. La nieve continuó cayendo incesantemente.

Me sentía fatal y estaba a punto de congelarme. Tenía los zapatos empapados y los pies entumecidos.

Finalmente llegué a un promontorio y estuve esperando durante horas bajo la nieve y la humedad. No se veía un alma, no se oía el menor ruido a mi alrededor. Me comí el «donativo» sin dejar de pensar ni un momento en que sería capaz de renunciar a toda la comida del mundo por un poco de calor. Me obsesionaba hasta el delirio el deseo de una taza de café caliente.

De pronto, a lo lejos, una luz poderosa hizo brillar la nieve que caía y poco después oí un silbato.

Se me aceleró el pulso a medida que el tren se acercaba ruidosamente.

La enorme locomotora se aproximó en medio de un deslumbrante halo de luz. Yo me escondí tras un poste de telégrafo cuando pasó a mi lado. El guardafrenos y otro hombre, seguramente algún cretino, iban de pie en la cabina de la locomotora.

Dejé pasar varios vagones y luego empecé a correr al lado del tren sin dejar de mirar el suelo de tanto en tanto para evitar caerme.

Estaba decidido a agarrarme al tren así me arrancara los brazos. Con esa idea en mente elegí un vagón y me aferré a una escalerilla de hierro. Me crujió el cuello y me dolieron todos los músculos.

Cuando recuperé un poco las fuerzas trepé hasta el techo del vagón mojado y avancé como pude de vagón en vagón hasta situarme en el centro del tren. Me tumbé sobre el techo inclinado, palpé a uno de los lados y descubrí que la puerta del vagón estaba ligeramente abierta.

Por la estructura general del tren, su enorme locomotora y las etiquetas rojas que llevaba pegadas en los vagones supe que se trataba de un tren rápido, sólo superado en velocidad por los trenes correo.

Me pregunté qué habría dentro del vagón. Tal vez un cargamento de Coca-cola destinado a alguna oficina. Sólo una carga así podía llevarse con la puerta entreabierta: los vagabundos no robaban Coca-colas y el gas que contenían, que podía producir una combustión espontánea, desaconsejaba transportarlas en vagones herméticamente cerrados.

El tren empezó a ascender por otra colina y la locomotora despidió una nube de humo negro. Me di la vuelta, asomé las piernas por el costado del vagón y empujé la puerta con el pie con todas mis fuerzas. Un resbalón y me habría ido al suelo. La puerta se abrió un poco más y me descolgué al interior del vagón. Cuando conseguí entrar descubrí que estaba repleto de cajas de Coca-cola.

Las cajas estaban apiladas muy cerca unas de otras. Las dentadas chapas me herían las manos y rasgaban mi ropa húmeda. Pese a que había muy poco espacio conseguí adentrarme hasta el fondo del vagón.

Ahí había una especie de dique hecho con cajas. Escalé como pude y desde arriba vi a un vagabundito con cara de hurón. Estaba rodeado de cajas y fumaba.

—Hola, muchacho, parece que lo has conseguido, ¿eh? ¿Verdad que este tren es rápido? —preguntó.

La luz de la puerta lo iluminaba apenas.

—Yo diría que sí —repliqué.

—Ya me lo pareció en el depósito. Este vagón con etiqueta roja va rumbo a Los Ángeles. Sólo subirme me dediqué a colocar las cajas de este modo. Los guardias odian tener que arrastrarse entre cajas de Coca-cola. Si uno entra y grita «O salís o disparo», tú no te muevas, no digas nada: no pueden disparar en los vagones en los que hay cajas de Coca-cola, es una norma que tienen.

El vagabundo siguió hablando mientras yo, exhausto y preocupado, extendí mi abrigo sobre las Coca-colas y acomodé las cajas para que sus rasposas chapas fueran lo menos molestas posible. Luego me puse a roncar.

El tren se detuvo y yo me restregué los ojos. El joven vagabundo que estaba a mi lado volvía a tener un cigarrillo en la boca.

—¿Dónde estamos, hermano? —le pregunté.

—No lo sé, debe de ser Maricopa. Llevas roncando desde ayer. Debías de estar muerto. ¿Seguro que aguantarás hasta Los Ángeles? —me preguntó el vagabundito.

—Sí, si no me muero antes de hambre —respondí.

Y hora tras hora el tren fue cruzando el desierto hasta el verde corazón de California.

XXXI

ALGUNAS PALABRAS

A aquello siguieron varios años más de viajes hasta que al fin me curé de mi compulsión de ir de aquí para allá. Durante esos años viví en distintos burdeles donde se refugiaban los despojos de la vida. Confraternicé con hombres a los que uno temía incluso dar la mano, y con otros tan timoratos que no paraban de lloriquear; con degenerados y pervertidos; con sucios y piojosos; con drogadictos que se inyectaban agujas con agua sólo por mitigar el dolor y el ansia de un paraíso en la tierra. Conocí los secretos de los traidores, los aduladores y los farsantes de todo tipo.

Algunos de ellos ni siquiera tenían suficiente ambición como para mendigar y se limitaban a pedir a los que lo hacían. Por fortuna, algo mantuvo mi mente lo bastante activa como para impedir que me quedara atrapado en aquellos laberintos.

Para mí siempre fue mejor vagar por ahí sin dinero, comida ni refugio antes que rendirme a la convención o al destino.

La errancia me hizo un regalo de incalculable valor: tiempo para leer y para soñar. Si es cierto que a los veinte años ya había hecho de mí un viejo mañoso, también lo es que me dio por compañía a las mayores mentes de todos los tiempos, que me hablaron con palabras regias.

Cuando me sentía más exhausto y despreciado, siempre podía hablar con el viejo Samuel Johnson o con Oliver Goldsmith. Siempre podía oír a Thomas Chatterton decir: «Yo soy poeta, señor mío», caminar a su lado por las calles de Londres y llorar ante su cadáver envenenado. Podía acompañar a Coleridge a visitar a John Keats y ver una y otra vez a Keats darse media vuelta y decir: «Permítame, Coleridge, que me lleve el recuerdo de haberle dado la mano», y escuchar a Coleridge responder: «En esta mano está la muerte».

Cada vez que tenía ocasión robaba libros de las bibliotecas, y siempre llevaba dos o tres conmigo, escondidos. Cuando uno es un vagabundo no le conviene que lo pillen con un libro robado de una biblioteca: tiene que dar muchas explicaciones, y los vagabundos ya tienen, de por sí, mucho que explicar. De haberme sucedido me habría muerto de vergüenza.

Robé *Historia de una granja africana* de la biblioteca del hogar Newboys, en Pittsburgh. Llevé el libro conmigo durante un par de semanas y lo leí en mis ratos libres mientras mendigaba en Chicago. Los niños de la granja: Waldo, Lyndall y Emily permanecerán siempre conmigo como uno de mis recuerdos más preciados hasta el día en que me muera. En Colorado City robé *Crimen y castigo*. Estaba publicado en dos volúmenes, un dato que desconocía en el momento del hurto. Tras aquel descubrimiento me sentí terriblemente contrariado y tuve que regresar para robar el otro volumen. Aquel episodio me exasperó hasta tal punto que de ahí en adelante me aseguré siempre de robar la obra completa.

La fantástica psicología de aquel epiléptico ruso me impresionó hasta tal punto que no me importó interrumpir un viaje: me quedé en la ciudad durmiendo en un vagón hasta que acabé aquel terrible libro.

Me sentía tan contento de haberlo descubierto que regresé una vez más a la biblioteca y agarré las *Memorias de la casa muerta*. Llevé el libro conmigo durante días. Lo leí mientras trabajaba como lavaplatos en un campamento cerca de Leadville.

Para mi horror una mañana descubrí a un compañero arrancando una página del libro y usándola para secarse los cortes del afeitado. Le arrojé una taza y nos peleamos por todo el campamento. Nunca le permití a nadie que utilizara un libro mío de ese modo.

Robé el *Johnson* de Boswell y *Criaturas que una vez fueron hombres* de Gorki en una biblioteca de Alabama. El libro de Gorki tenía el lomo raído, pero aún no le habían desbarbado las páginas. El libro de Boswell aún lo conservo, de modo que si la biblioteca quiere ponerse en contacto conmigo y está dispuesta a pagar el envío estaré encantado de devolvérselo.

Durante un viaje por Indiana me interesó mucho la *Enciclopedia de la literatura inglesa* de Chambers. Estaba editada en cinco grandes volúmenes. Me pareció que no servía de mucho que esos libros permanecieran en Indiana porque allí había pocas posibilidades de que alguien los leyera, y durante varios días estuve dándole vueltas a la cuestión; al final, sin embargo, la poca conciencia que me quedaba me impulsó a dejarlos allí. De todas formas eran terriblemente pesados y mientras le daba vueltas a la posibilidad de robarlos ya me había leído lo más interesante.

En cierta ocasión robé una pequeña y hermosa Biblia encuadernada en cuero en la casa de un predicador en New Haven, Connecticut. Me llevó a ver su biblioteca después de cenar. El buen hombre llevaba un alzacuellos con la leyenda «Vuelve a Jesús», una corbata negra más fina que un cordón de zapato y tenía la cara con la que uno se imagina a Uriah Heep.[1] Pese a todo era un buen tipo. Me habló durante un rato con total seriedad y me explicó con detalle que el precio del pecado no era otro que la muerte, que los caminos de la carne no son más que metales que resuenan o címbalos que retiñen y que Dios cuida de todos los que están cansados y agobiados. Me preguntó por mi familia y yo le conté que mi padre había estudiado para ser sacerdote metodista, pero que había muerto muy joven de unas fiebres. Noté que aquello lo conmovió. Me miró con piedad y yo aproveché para pedirle un dólar de plata.

La Biblia estaba en la mesa de centro de la sala de estar junto a otros muchos libros. El buen hombre se excusó un instante y yo me hice con ella.

---

[1] Se refiera al villano personaje de *David Coperfield*, la novela de Charles Dickens.

Cuando regresó estuvimos hablando un rato más del precio del pecado y luego me marché de allí, no sin prometerle que me portaría mejor y que le escribiría relatándole mis progresos.

Robar aquella Biblia fue uno de los mayores golpes de suerte de mi vida. Me la había llevado conmigo a Boston, donde todos los policías son muy religiosos, y allí me detuvieron por vago. El policía me registró y encontró la Biblia. Se interesó al instante y yo me di cuenta de que tenía que pensar con rapidez. El poli tenía un vago acento irlandés, así que le conté que mi tío había sido sacerdote en Ohio, que había muerto hacía sólo dos meses y que su muerte me había dejado tan triste que me había echado a la calle.

—Vaya, ¿y de qué murió? —preguntó el policía.

Le dije que había contraído fiebre tifoidea y lepra por atender a un hombre al que nadie quería acercarse.

—Era un santo —dijo el policía.

—Sí… un santo —repliqué yo.

Me llevó hasta el bordillo de la calle y me preguntó:

—Eres católico, ¿verdad, muchacho?

Le pedí a Dios que me ayudara a responder correctamente y dije:

—¡Claro que sí! ¡Sólo hay una religión verdadera!

Dudé un segundo y esperé más allá de toda esperanza que mi captor no proviniese del norte de Irlanda. Reflexionó un momento atusándose el bigote pelirrojo.

—Bien dicho, muchacho —dijo por fin—. Ven conmigo, te voy a presentar a mi señora.

Me llevó hasta una pequeña casa marrón que quedaba a un par de manzanas. Su mujer era corpulenta, alegre y vitalista. Tenía un retrato del Papa León XIII en el lugar más visible de la casa.

El marido le contó mi historia y la buena mujer lo escuchó con lágrimas en los ojos.

—… y desde entonces lleva siempre la Biblia consigo

—dijo ella—. Pobre y bendito niño. No sabes cuánto me alegro de que hayas sido tú quien lo ha encontrado, y no uno de esos estúpidos policías protestantes. Lo habrían encerrado directamente. —Y dirigiéndose a mí—: De modo que tu tío murió por cuidar a un pobre enfermo. Que Dios se lo pague. Ahora está en el Cielo y cuida de ti… No sabes lo contento que está de que lleves contigo su Biblia.

Yo toqué la Biblia en mi bolsillo y de pronto me asaltó un pensamiento terrible… Era una Biblia protestante… La respuesta apropiada se me ocurrió enseguida: mi tío había querido que leyera las dos, la protestante y la católica, para que descubriera por mí mismo cuán superior era la segunda… Pero no hizo falta: no preguntaron más. Al fin y al cabo una Biblia era una Biblia.

El policía se marchó a seguir cumpliendo con su obligación de proteger Boston de los Cabot y los Lodge mientras yo me quedaba allí soltándole una mentira tras otra a su confiada esposa.[1]

Después de la charla me marché de allí con una propina en el bolsillo y la promesa de que le escribiría con regularidad.

Esa misma noche me reía a carcajadas contándole aquel episodio a otro vagabundo al que había conocido en un antro de la calle Tremont.

Cuando un joven vagabundo tiene imaginación, pierde enseguida los instintos sociales que hacen la vida soportable para el resto de los hombres. Suele oír voces que lo llaman en mitad de la noche desde lugares lejanos en los que las aguas azules acarician extrañas orillas. Oye a pájaros y a grillos cantar atrayentes tonadas. Ve a la luna, ese fantasma amarillo de un planeta muerto, acechando a la tierra.

Ante la necesidad de moverse rápidamente por un camino brutal, su conciencia moral se le hace pesada y se ve obli-

---

[1] Se refiere a dos familias a las que pertenecieron algunos de los políticos más prominentes de Boston.

gado a abandonarla. La civilización nunca llega a recuperarlo del todo, una cuestión que —por supuesto— tampoco es tan dramática como podría parecer.

Gorki, ese magnífico vagabundo, regresó a la carretera en cierta ocasión durante un año entero. Pocas personas son capaces de entender por qué: yo lo entiendo. Era un águila enjaulada y quiso regresar a las montañas de su juventud para echar un último vistazo a esa vida sin preocupaciones que tuvo alguna vez. Volvió durante un año y descubrió que aquellos vastos y solitarios lugares en los que había estado seguían siendo los mismos, pero la sangre se había hecho más densa en su corazón de águila y por eso volvió al valle, más cansado aún de lo que había partido... con su última ilusión perdida.

Quienes creen tener solución para todos los problemas de la humanidad suelen amar a la humanidad en abstracto y, por tanto, procuran mantenerse alejados de la escoria. Jamás he conocido a un gran idealista que haya tenido también un conocimiento profundo de la vida: todos tienen cierto aire de beato que emborrona su mirada cuando contemplan la malevolencia general de las cosas. Se alejan de la vida y lloriquean obviedades como un ciego que, en mitad de un bosque, sólo quiere oír el canto de los pájaros y no el rumor de los reptiles en el suelo.

No son capaces de ver la vida a su alrededor porque sólo pueden pensar en ese gran sueño que finalmente se realizará unos dos millones de años después de que hayan muerto. Algunos que se dicen amantes de la humanidad son profundamente egoístas personalmente, y sólo aman a la multitud, ¡y quién puede amar de verdad a una multitud!

La evolución está ahí para ayudar a la multitud: es tarea de las personas ayudar a las otras personas.

Los hombres sabios aprenden enseguida a esperar la gratitud en el Cielo. Se trata de una flor demasiado delicada como para que pueda subsistir bajo los inclementes vientos de esta tierra.

Todos los vagabundos saben esas cosas. Son hombres mez-
quinos, no esperan de los otros más que mezquindad y obtienen la mezquindad que merecen. La inmensa mayoría son
mentirosos, desagradecidos y ladrones. Mienten a las mujeres
igual que los novelistas. Cuentan tristes historias a las senci-
llas amas de cría de los niños más pobres.

Un escritor famoso por sus relatos sobre la vida errante dijo en cierta ocasión que los pobres siempre son generosos con los pobres.[1] Los escritores no deberían afirmar jamás
esas verdades rotundas: siempre se equivocan.

Algunos pobres son generosos con los vagabundos, otros
no. Si tuviera que elegir la forma más segura para conseguir
comida, mi experiencia como joven vagabundo me haría incli-
narme por las mujeres del bajo mundo. En ocasiones he mendigado comida en todas y cada una de las puertas de un barrio pobre y lo único que he conseguido es hacerme daño en
los nudillos de tanto llamar. Otras veces me han dado de comer con generosidad. Hay ciertas razas que parecen más amables que otras, pero ésa es una cuestión sobre la que ni siquiera
los vagabundos se ponen de acuerdo, aunque es cierto que las
mujeres alemanas obtienen más votos casi siempre.

Si un joven vagabundo es lo bastante listo y tiene ese algo
indefinible que suele llamarse personalidad, siempre puede
pedir dinero en las calles con relativo éxito. Para conseguirlo
debe tener cierto conocimiento de la naturaleza humana y ser
capaz de distinguir a unas personas de otras. En el argot del
camino, un «buen» vagabundo siempre tiene éxito mendigando. El vagabundo con más energía y recursos es siempre
el que obtiene más dinero y comida. Es posible que esas cua-
lidades se den al margen de la personalidad, ya que sólo unos
pocos la tienen antes de haber cumplido los veinte años. El ca-

---

[1] Sin duda se refiere a Jack London, que *En ruta* escribió: «Siempre
se puede contar con los muy pobres. Ellos nunca niegan la comida a los
hambrientos».

mino suele trazar con su mano poderosa las marcas de la degeneración, la brutalidad y la malicia en los rostros.

Todos esos libros filosóficos sobre la vida errante han de ser tomados con gran cautela. Cualquier persona improductiva podría considerarse un vagabundo en un sentido o en otro. La mujer parasitaria y chismosa, el jugador obeso y acomodado, el sacerdote de la iglesia de moda: todos ellos no son más que vagabundos a los que la casualidad ha dado camas y bañeras, y esa seguridad económica que los hombres tanto luchan por conseguir.

En realidad, el vagabundo no es más que un parásito que no ha sido admitido en la sociedad.

Muchos vagabundos jóvenes son capaces de pelear con furia. Cuando hay conflictos en un campamento de vagabundos, el resultado está lejos de parecer una reunión de la YMCA. Algunos de los grandes boxeadores se han formado como tales en la errancia. Jack Dempsey, Kid McCoy y Stanley Ketchell, tres de los púgiles más grandes que han existido jamás, fueron vagabundos en sus años de juventud.

No tengo ninguna intención de hacer aquí una sociología del vagabundo. Los escritores que se han ocupado del asunto por lo general no han contribuido en lo más mínimo a la solución del problema. Las cárceles estarían menos llenas si fuésemos capaces de expulsar la codicia de nuestro sistema social. El vasto ejército de los vagabundos y los presos se nutre de los orfanatos y los reformatorios. Tal vez ayudaría tener más jueces como Ben Lindsey, de corazón comprensivo. ¡Mil jueces Lindsey para Estados Unidos!... Aunque eso sería lo mismo que pedir mil Cristos. Tal vez necesitemos también menos madres que ignoren la verdadera maternidad y más mujeres como Jane Addams.[1]

---

[1] Ben Lidsey (1869-1943) fue un famoso jurista y luchador social de Denver, Colorado; Jane Adams (1860-1935) fue una socióloga feminista, pacifista y reformadora.

Soy de la opinión de que ni siquiera el hombre más grande es capaz de producir efecto alguno en la acorazada estructura de su tiempo. Alguien podría decir que Cristo lo hizo. Analicemos entonces las iglesias con una mentalidad abierta, y todos esos estragos provocados por el pseudocristianismo.

Pero repito, no soy ningún reformista: no soy más que un escritor cansado que ha estado reviviendo sus aventuras de memoria.

Mi compasión por esos buscavidas se acerca al amor y mi disgusto se acerca al odio, porque no hay ni uno solo de ellos que no sea el maltrecho accidente de una infancia infeliz. Por esa razón coincido con John Masefield, ese triste y genial vagabundo, cuando dice:

Que hablen otros del vino, la riqueza y la alegría,
de la portentosa presencia de esos potentados de generosa figura,
¡sea lo mío la suciedad y la basura, *el polvo y la cochambre de la tierra!*

Que sean suyas la música, el color, la gloria y el oro,
y lo mío un puñado de ceniza y un poco de moho.
Mutilados, detenidos y ciegos bajo la lluvia y el frío:
ellos serán los protagonistas de mis canciones, de ellos hablarán
    mis relatos.

AMÉN

ÍNDICE

SU

PRIMERA EDICIÓN

BUSCA-VIDAS de Jim Tully

ESTA PRIMERA EDICIÓN DE BUSCAVIDAS DE JIM TULLY SE TERMINÓ DE IMPRIMIR EN BARCELONA, ESPAÑA EN EL MES DE MARZO DE 2017

ALIOS · VIDI · VENTOS · ALIASQVE · PROCELLAS